धर्मक्षेत्रे कुरुक्षेत्रे

(कहानी संग्रह)

पत्रिकाओं में।

काशी नरेश से पूछो (कथा ' 92), रेत (अन्तर्दृष्टि '94), दुर्गन्ध (समारम्भ '72), सन्नाटा चाहिए, आखिरी छलाँग, वारिस, नपनी (तद्भव-3 सन् 2000 ई.) वह लौटता नहीं (समास-2, सन् 1994, 'प्रेम शीर्षक से) तथा धर्मक्षेत्रे कुरुक्षेत्रे (हंस '95)

धर्मक्षेत्रे कुरुक्षेत्रे

दूधनाथ सिंह

वाणी प्रकाशन

वाणी प्रकाशन का 'लोगो'
विख्यात चित्रकार मक़बूल फ़िदा हुसेन की
कूची से

ISBN : 81-7055-822-0

वाणी प्रकाशन
21-ए, दरियागंज, नयी दिल्ली-110002
द्वारा प्रकाशित

फोन : 0091#11#23273167, 23275710
फैक्स : 0091#11#23275710
ई-मेल : vaniprakashan@gmail.com
vani_prakasha n@yahoo.com
वेबसाइट : www.vaniprakashan.com
प्रथम संस्करण : 2001
आवृत्ति : 2009

मूल्य : 200.00
आवरण : वाणी प्रकाशन
आर. टेक ऑफसेट प्रिंटर्स, दिलशाद गार्डन दिल्ली-95
द्वारा मुद्रित

DHARAMAKSHETRA KURUKSHTRA
by : Dhoodh Nath Singh

अनुपमा के लिए

अनुक्रम

काशी नरेश से पूछो	:	९
रेत	:	२५
दुर्गन्ध	:	३०
सन्नाटा चाहिए	:	३५
आख़िरी छलाँग	:	४६
वारिस	:	५०
नपनी	:	५३
वह लौटता नहीं	:	६५
धर्मक्षेत्रे कुरुक्षेत्रे	:	८५

काशी नरेश से पूछो

बर के पत्तों से ओस टप-टप बरखा की तरह चूने लगी तो लंगड़ कौड़े से उठे। साथ में अँगड़ाई लेता हुआ कुत्ता भी उठा। 'चलो, कुकुर-भगत अब सोने चलें, कचबचिया सिर पर आ गयी।' लंगड़ ने एक बार आसमान की ओर देखा, फिर ओसारे में चले आये। लंगड़ पहल पर बिछे अपने चीकट बिस्तरे पर बैठ गये और कुत्ता पैताने। उन्होंने अपनी तेलचट दोहर थोड़ी कुत्ते पर भी डाल दी। फिर उन्होंने अगल-बगल ताका। सात-आठ लोग रजाइयों में किंकुरी मारे एक लाइन से लेटे थे।

'बड़ी गजब की ठण्डी है।' लंगड़ ने हथेली पर सुर्ती मलते हुए जैसे अपने-आप से कहा।

रजाइओं में कुछ हरकत हुई। 'कहाँ गये थे लंगड़?' किसी ने अँधेरे में पूछा।

'कासी जी।' लंगड़ के सुर्ती ठोंकने की आवाज़ आयी।

'कासी जी?' कोई अँधेरे में उठ कर बैठ गया, 'किराया कहाँ से पाये लंगड़बीर?'

'बेटिकठ।' लंगड़ ने सुर्ती गोंठियाते हुए कहा।

'बेटिकठ?... कहूँ धरे नहीं गये?'

'साधु-संत को कोई नहीं पूछता।' लंगड़ ने पिच्च-से अँधेरे में थूकते हुए कहा।

'ससुर...जनम के पतित...पापिष्ठ, साधु-सन्त बने हैं!' कोई दूसरी रजाई में से भुन्न-से बोला।

'जनम के पतित? कुछ जानो न सुनो। जनम के पतित ही असली साधु-सन्त होते हैं। गोसाईं जी ने ऊ का कहा है...मों सम कौन कुटिल खल कामी...!' लंगड़ ने कहा।

'अच्छा-अच्छा, आपन ज्ञान-ध्यान अपने पासे रखो। ई बताओ हुँआँ क्या-क्या देखा?' किसी ने अँधेरे में फिर सवाल किया।

'कासी जी के खूब दर्सन किये।'

'असनान किये कि नहीं?'

'नाहीं।'

'नाहीं? तब का करे गये रहो?'

'अब गंगा जी नहाने लायक नहीं रहीं हो! बजबजाती रहती हैं। पानी है जइसे पिछुआरे की गड़ही। बाकी, खूब घाट-घाट घूमे। फिर भी क्या देखा? पतित-पावनी घाट पर गोबर, चिरकुट-चिथड़े हवा में उधियाते रहते हैं। जहाँ जानवर भी बैठता है, पूँछ से झार-बुहार कर बैठता है। कोई पूछो, इसी तरह कासी जी की भगती करते हो? बाकी, पूछे कौन? सब तो उसी में सने हैं। ऊपर से देस-देसावर के लंठ, बनरमुँहाँ गोरे नाव पर बइठ के गाँजा पीते हैं। सन्तई का बाना बनाये फिरते हैं। अगड़बम् बोलते हैं। और रामजी के केंवट इँगरेजी छाँटते हैं। नीचे उतरो तो दोनों ओर लाइन लगाये कोढ़ी, भिखमंगे औरत-मरद भिनभिनाते रहते हैं। घाट क्या हैं, कुम्भीपाक नरक हैं। कासी जी की दुर्दशा है। अब नहीं जायेंगे। गये थे गोसाईं जी के दर्सन करने। बहुत खोजा, बाकी कहूँ मिले नहीं। मूरख बहुत मिले और गरब था कि बड़े पंडित-ज्ञानी हैं।

'तो सास्त्रारथ हुआ कि नहीं?' किसी ने पूछा।

'हुआ काहे नाहीं।'

'कौने विषय पर दंगल लड़ा?'

'सबद' पर। 'सबद' की लड़ाई हुई।'

'सबद' पर कइसे?'

'हमने कहा, एद-बेद, पोथी-पुरान, खूँट-खान, बरम-बेदान्त, सबद-संसार—जो चाहो रख लो। हम राजी हैं।'

'तब?'

'तब क्या, घाट पर भीड़ जुटने लगी। दोनों ओर से चिमटा गड़ि गया। लोगों ने कहा, बड़ा तेजस्वी पंडित है। हम भी थोड़ा डरे। अँगार जैसा तपता हुआ चेहरा, नैनों में गाँजे की ललाई, बदन पर भभूत। लेकिन हमने मन ही मन कहा, बेटा, तूँ जनते नहीं। हमरी एक टाँग अइसे ही नहीं छोटी हो गयी। ज्ञान का डंडा हमारी गुरुआइन ने अइसा कस के मारा कि टाँग तो गयी, लेकिन बिद्या कपार में चढ़ गयी। देखते हैं, आज किसका चिमटा उखड़ता है!'

'फिर?'

'बोल, क्या लड़ेगा?' पंडित गरजा।

'जो आपकी इच्छा हो बाबा!' हमने धरती माता को सीस नवा कर कहा।

'पंडित के मुँह लगता है?' ब्रह्मराज फिर गरजा।

'हम तो ज्ञान के मुँह लगते हैं देव!' हमने उत्तर दिया।

'जानता है, हम आदि शंकराचार्य के चेले हैं। बारह सौ बरिस की उमिर है हमारी।' पंडित ने कहा।

'तब तो तुम्हारी सिट्टी-पिट्टी गुम हो गयी होगी लंगड़ भगत!' कोई अँधेरे में रजाई में मुँह निकाल कर हँसा।

'सिट्टी-पिट्टी काहे गुम होगी। लेकिन हमने सोचा कि सरवा है असली बनारसी। बारह सौ बरिस की उमिर बताता है। सो, हमने मिनमिना कर कहा, 'हमरी उमिर तो अबहीं पाँचे बरिस की है बाबा!'

'समझ गया', पंडित ने कहा, 'ज्ञान का गदेला है।'

'यही मान लें देवता!' हमने कहा।

'और तुम्हारे गुरु कौन हैं?' पंडित ने फिर दागा।

'हमारे गुरु नहीं, गुरुआइन रहीं बाबा!'

घाट पर बड़े जोर का ठहाका गूँजा। मजमा बढ़ने लगा।

'गुरुआइन का चेला है?' पंडित बिगड़ गया।

'हमारी गुरुआइन भी एक मुसहरिन थीं बाबा!' हम विनयपूर्वक बोले।

'मुसहरिन का चेला? और हमसे शस्त्रार्थ करेगा? वेदान्त दर्शन पर?' पंडित ने ललकारा।

हमने सोचा, यही मौका है। चढ़ बैठो लंगड़ दास! तुम्हारे बाप ने भी कभी बचपन में 'सिद्धान्त कौमुदी' रटायी थी। सो, हमने उँगली नचा कर नकियाते हुए कहा, 'वेदान्त तो बहुत जानता है, लेकिन 'सबद' को नहीं जानता है!'

'सबद? सबद' क्या है?' पंडित ने हैरान हो कर कहा।

''सबद' नहीं जानता तो चिमटा उखाड़ ले।' हमने लँगड़ी टाँग हवा में घुमा दी।

'पहले बताओ कि 'सबद' क्या है? तब हम अखाड़े में उतरेंगे।' पंडित ने छाती पर थाप दिया।

'सबद नदी-नारा है। सबद समुन्दर है। सबद आकास-अन्तरिच्छ है। सबद पुरुख-पुरातन है। सबद बाघ का बच्चा है। आन-बान है। मरन है। सबद माता का नैन है। जल है। धरती है। पत्ता है। बिरिछ है। चिरई-चुरुङ्ग है सबद। सबद बीज है। हवा है। गुरुआइन का डंडा है। धन है। जीवन है। सबद ब्रह्माण्ड है। सुरग है, नरक है। सबद ओंकार है।' हमने व्याख्या दी।

'यह सब तो हम जानते हैं।' पंडित ने कहा।

'बड़े ज्ञानी बने हो तो बताओ, सबद में 'ओंकार' क्या है?' हमने फिर पलट कर पूछा।

'ओंकार ब्रह्मा के मुख से निकला हुआ प्रथम शब्द है।' पंडित ने जवाब दिया।

'झुट्ठा कहीं का! नहीं आता तो चिमटा उखाड़ ले।' हमने डंडा घुमा कर फेंका।

'नहीं कैसे आता?' पंडित दफसट में फँस गया।

'ओंकार ब्रह्मा के मुख से निकला हुआ संबद नहीं है।' हमने कहा।

'फिर तू ही बता न, ओंकार क्या है?' पंडित ने फिर बनरघुड़की दी।

'ओंकार? हम बताएँ?...हिमालय महाराज के एक कान से पैठ कर जो हवा दूसरे कान से सीटी बजाती निकल गयी—वही ओंकार है। समझा?' हमने हँस दिया।

सारी सभा 'बाह बाह' बोल उठी।

'यह तो हम भी जानते हैं।' पंडित मिमिया कर बोला।

'यह तो हम भी जानते हैं', हमने उँगली टेढ़ी करके नचायी, 'जो हम बता देते हैं वही तू जान जाता है। बाह रे ज्ञानी! चलो, जनता-जनार्दन की साखी दे कर तुम्हारी यह बात भी हम मान लेते हैं। बाकी हम फिर कहते हैं—वेदान्त को जानते हो; बारह सौ बरिस की उमिर है तुम्हारी, ओंकार को भी जानते हो, लेकिन 'सबद' को फिर भी नहीं जानते।' हमने फिर पाँसा फेंका।

'कैसे नहीं जानते?' पंडित को हँफनी छूटने लगी।

'जानते हो तो पूछते हैं, बताओ।'

'पूछो।'

'अँठई' सबद कइसे बना है और उसका अरथ क्या है?'

''अँठई?' पंडित का मुँह भरुका की तरह खुल गया, 'अँठई तो एक कीड़ा होता है।' उसने क्रोध में आ कर कहा।

'कीड़ा है तो 'अँठई' क्यों कहते है?' हमने और दबाया।

'अठँई' नाम है।' पंडित घबराने लगा।

'अँठई' नाम क्यों है?' हमने पूरी तरह दबोच लिया।

'नाम तो नाम होता है।' पंडित को कोई जवाब नहीं सूझा।

'मूरख है—मूरख! कहता है, नाम तो नाम होता है। हमसे पूछ कि नाम क्या होता है?' हमने दौड़ाया।

'क्या होता है नाम? बताओ न लंगड़ पंडित?' सभा बोल उठी।

'नाम वेद-वेदान्त होता है। नाम के माता-पिता होते हैं। परदादा होते हैं। नाना-नानी होते हैं नाम के।' हमने कहा।

'वह कैसे?' पंडित अचम्भे में पड़ गया।

'वह कैसे?' हमने सभा की ओर देखा, 'सुन लो ज्ञान के सगोतियो, हमीं से पूछता है यह—वह कैसे? अरे, इससे पूछो, क्या यह मुर्गी के अण्डे से पैदा भया है। अरे मूरख, जैसे तेरे माता-पिता होंगे, नाना-नानी, पूरा कुटुम-कबीला, पुरुख-पुरान होंगे कि नहीं? वैसे ही 'सबद' के भी होते हैं। अब तुझे समझाते हैं। देख, 'अँठई' सबद हमने तुझसे पूछा, तो उसका बंस-बिरिछ इस प्रकार है : अष्टपदी—अट्ठपई—अट्ठअई—अँठई। अर्थात् 'अष्टपदी' 'अँठई' की परनानी थी। समझा? और अष्टपदी माने आठ पैरों वाली। जा, अब एक अँठई पकड़ के ला, और मेरे सामने गिन उसके पैर।'

'अँठई कहाँ मिलेगी?' पंडित घबरा गया।

'कुकुर के काने में।' भीड़ में से कोई बोला।

तो बाँम्हन गया और कुकुर के काने से अँठई निकाल के ले आया। भरी सभा में उलट कर उसके पाँव गिने। साबुत आठ निकले।

'जानता है 'अँठई' के आठ पैर क्यों होते हैं?' हमने पूछा।

'नहीं महाराज!' बाँम्हन ने दीन-हीन हो कर कहा।

सारी सभा हँस पड़ी। हमने कहा, 'चल तुझे यह भी बता देते हैं। अँठई चार पैरों से चारों बरन को चमोख लेती है। दो पैरों से आकास और धरती को और दो पैरों से बिस्नु भगवान और लच्छिमी जी को। चपक जाती है तो चपकी रहती है, जब तक कि चारों बरन, धरती-आकास, बिस्नु भगवान और लच्छिमी जी—सभी को पूरमपूर चूस नहीं लेती। फिर जानता है, क्या होता है? फिर अँठई फूल कर नर्र-गर्र हो जाती है। फिर उसके पाँव ढीले हो जाते हैं। और वह मद्दाई हुई धरती पर गिर कर रेंगने लगती है। तब लोग उसे पैरों से कुचल देते हैं। फिच्च से खून निकलता है और उसकी इहलीला खतम हो जाती है।'

'समझ गया लंगड़ देव!' बाँम्हन ने कहा।

'क्या समझ गया?' हमने डाँटा जोर से।

'यही कि अँठई क्या होती है।'

'अँठई क्या होती है, यह तो समझ गया लेकिन फिर भी 'अँठई' को नहीं जानता।' हमने फिर उँगली नचाई।

सारी सभा सन्नाटे में आ गयी।

'वह कैसे भगत जी!' बाँम्हन से पूछा।

'पहले तू अपना चिमटा उखाड़ और गंगा जी में फेंक दे। तब हम बता देंगे।' हमने कहा।

बाँम्हन ने चिमटा उखाड़ कर गंगा जी में फेंक दिया।

'अब तेरी मुकुति भई। अब तेरे मुरदा ज्ञान ने जल-समाधि ले ली। अब तू सुन, जो सच्चा ज्ञान है। यह कथा मेरी गुरुआइन ने सुनाई थी।' हमने धरती-आकाश के देवी-देवता का सुमिरन किया। रेत-परेत, बंस-निरबंस का ध्यान किया और सभा से आज्ञा ली, 'तो भाई लोगों, जदि आदेश हो तो दे दें इस बाँम्हन को यह सबद-ज्ञान?'

'हाँ-हाँ महाराज!' चारों ओर से आवाज़ आयी।

'हमने जो कथा सुनाई, वही तुम लोगों को भी सुनाते हैं। लेकिन सोना मत हुँकारी पारते रहना।'

'ठीक है, ठीक। बारी-बारी से हुँकारी पारते रहेंगे।'

'तो सुनो, हमने जो कथा सुनाई।'

पुरुब जनम में भी हम एक बाँम्हन थे। और हमारी इस जनम की सँघातिन, हमारी गुरुआइन उस जनम की हमारी घरवाली। बहुत दरिद्र बाँम्हन थे हम। पुरखों का एक खँड़हर, जिसमें साँप-बिच्छी, कीरा-फतिंगा ज्यादा रहते थे, मानुस-मनई कम। बस, दो परानी थे हम। बाँम्हन के धन के नाम पर क्या था! पाँवों में एक जोड़ी खड़ाऊँ, एक ठो जनेऊ और सिर पर शिखा। बस, इसी को लिए-दिये मगन रहते थे हम। ब्रह्म-मुहूर्त में गंगा-असनान कर, त्रिपुंड लगा निकल जाते जजुमानों के गाँवों की ओर। दिन-भर होम-जाप करते। जो सीधा-सत्तू मिल जाता, गँठिया कर संझा बेला घर लौटते। हमारी ब्राह्मणी भोजन पकाती। खा-पका कर हम दोनों परानी अगले दिन के जुगाड़ की चिन्ता करते। सुख था कि दुख—यह नहीं जानते थे। पुरखों ने जीवन दिया था, उसी का निबाह कर रहे थे। तो एक दिन हम भोरहुरे गंगा-असनान को जा रहे थे। रास्ते में खिल्ला बाबा का पीपर पड़ता था। जब पीपर तरे से गुजरे तो खिल्ला बाबा के परेत ने पीपर को इतने जोर से हिलाया, जैसे अंधर-तूफान आ गया हो। हम खड़े के खड़े गायत्री मंत्र का जाप करने लगे।

'क्या जपता है?' खिल्ला बाबा का परेत गरजा।

'कुछ नहीं महाराज! बाकी, हमसे का गलती भई?' हम थरथर काँपने लगे।

'जप-तप से कुछ नहीं होता—समझा?' परेत बोला।

'तो क्या आज्ञा है महाराज?'

'ब्राह्मणी भूखी रहती है और तू जप-तप करता है?' परेत ने डाँटा।

'तो क्या करें बाबा?'

'जा ...यह रस्ता छोड़ दे। आज से छोड़ दे यह रस्ता। दूसरे मारग से जा।' परेत ने कहा।

दूसरे दिन से हमने वह रास्ता छोड़ दिया। जहाँ कोई राह नहीं थी उधर से ही गंगा जी की दिशा पकड़ी। गहन अन्हार था। चैती कट चुकी थी। आक-जवास काँट-कुस लाँघते हुए नारे-नारे हम आगे बढ़े। देखते क्या हैं कि बड़की कुँवाटि आ गयी। उधर से राति-बिराति कोई नहीं जाता था। खेंखर, सियार, साही, हुँड़ार भाँति-भाँति के जनावरों का निवास होता था वहाँ। तभी हमने देखा कि कुँवाटि में तो जगमग अँजोर है। यह कौन-सी बात हुई! क्या इधर भी कोई भूत-परेत लुकार बारे है! हमने सोचा, पीछे लौट चलें। फिर सोचा, भगवती इस करमहीन बाँम्हन की परीच्छा ले रही हैं। क्या करें, क्या न करें—इसी दुविधा में खड़े होकर हम उस झक-झक अँजोर को देखने लगे। हमारी तो टकटकी बँध गयी।

'डरो मत बाँम्हन देवता, पास आओ।' उस भोर बेला आकास-अन्तरिच्छ में जैसे कहीं बहुत दूर से लौटते हुए बादल की घन-गर्जन की-सी आवाज सुनाई दी।

हमने नजर घुमा कर इधर-उधर देखना प्रारम्भ किया। कौन है यह, जो इस दीन-दुखी बाँम्हन को इतने आदर से इस भोर-बेला पुकार रहा है! तभी हमने देखा कि अपनी मणि के पास फन उठाये नाग-देवता लहरा-लहरा कर हमें अपने पास बुला रहे हैं। देखते ही हम थोड़ी और दूर सरक गये।

'क्या विचार है शेषनाग जी! क्या आज हमारी बारी है?' हमने हाथ जोड़ कर कहा।

'जनम-जनम से हम तुम्हारी राह देख रहे हैं बाँम्हन देवता! हमसे इस तरह दूर न जाओ।' सर्पराज बोले।

'क्या चाहते हैं नागदेव?' हमने पूछा।

'यह मणि उठा लो और घर लौट जाओ।' नाग देवता बोले।

'आप जानते हैं, हम बाँम्हन हैं?'

'जानता हूँ।'

'तो आप यह भी जानते होंगे कि अगर आप धोखे से हमें डँस लेंगे तो हम इस कुँवाटि के बरम बन कर आपकी आदि-औलाद को निरबंस कर देंगे?'

'जानता हूँ देव, और वचन देता हूँ कि ऐसा नहीं होगा।' नागराज की आवाज आयी।

'नहीं, आप थोड़ी दूर हट ही जाइए।' हमने कहा।

नागदेवता मणि से काफी दूर हट गये। तब हमने लपक कर मणि उठायी और धोती के फेंटे में कस के लपेट कर कमर में बाँधा। ऊपर से मिर्जई खींच कर फेंटे को ढँक्र लिया। लोटा-डण्डा उठाया और तेजी से घर की ओर लौट पड़े।

'अब तो विश्वास हो गया होगा बाँम्हन देवता?' नागराज की आवाज आयी।

'हाँ महाराज!' हमने बिना मुड़े जवाब दिया।

'तो एक बात और सुनते जाइए।'

मन में शंका तो हुई लेकिन हम फिर भी रुके और पलट कर नागदेवता की ओर देखा।

'यह तो दुआरे की मणि है। कुंवाटि में मेरा बिल है। उसमें असंख्य मणि-रतन, हीरे-मोती, स्वर्ण, धन सम्पत्ति भरी पड़ी है। ऐसा करिये कि आप के फेंटे में जो मणि है, उसे घर रख कर फिर आइए। वह सब सम्पत्ति आपकी है। लेकिन अबकी आइए तो दो बड़े-बड़े झोले जरूर लाइए।'

हमने हाँ कर दी और तेजी से लौट चले। माया का अजब आलोक हमारे फेंटे से फूट रहा था। हम जल्दी से दरवाजे पहुँचे और सीधे चुहानी घर में। पीछे-पीछे चकित पंडिताइन आयीं। हमने कहा, डरो मत और अपना फेंटा खोलने लगा। फेंटा खोलते ही मणि धरती पर गिरी और उस पूरे अँधेरे घर में जैसे चाँदनी बिछ गयी। हमने पंडिताइन से कहा कि इस मणि को जल्दी से कूँड़े में बन्द कर के उसका मुँह मिट्टी से पूर दें। उन्होंने वैसा ही किया। तब जा कर हम निचिन्त हुए। फिर पूरी कहानी सुनाते हुए हमने अपनी शंका ब्राह्मणी के सामने रखी। हमने कहा कि 'लगता है, मणि दे कर उस सर्पराज ने हमें लालच के फन्दे में फाँस लिया है। अब वह कहता है कि उसका बिल खोद कर अनन्त धन-राशि हम बटोर लें और झोले में भर कर घर ले आयें। आखिर हम पर वह इतना कृपालु क्यों है! हमने कौन सा पुन्न किया है! हमें भान हो रहा है कि जब हम बिल खोद रहे होंगे तो वह सर्पराज अनचक्के में हमें डँस लेगा।'

लेकिन हमारी ब्राह्मणी तो हमसे भी बीस निकली। मणि देखते ही उसकी मति फिर गयी। उसने कहा, 'अगर तुम्हें खजाना मिल गया तो हम लोग राजा हो जायेंगे। यह जो हमारे गर्भ में तुम्हारा बंसधर पल रहा है, यह उसी का पुन्न-परताप है। फिर वह और उसकी सन्तानें—आगे सहस्त्रों वर्षों तक सुख-चैन

करेंगी। तुम्हारा डर बेकार है। बिना जिउ दिये कुछ नहीं मिलता। और सच बात यह है कि परीच्छा की घड़ी में हर बार तुम कायर सिद्ध होते हो! लेकिन इस बार चूके तो गये। फिर भिच्छा-पात्र लिए ऐसे ही दर-दर डोलते रहोगे। इसलिए हिम्मत और चालाकी से काम लो और यह लोहबन्ना अपने बगल में ही रख कर बिल खोदना। और कायदे से खोदना। जल्दीबाजी मत करना। कहीं कोई मणि-रतन तुम्हारी मूर्खता और आपाधापी में मिट्टी में दब न जाय।'

उसके बाद हम दिन भर बेचैन रहे। गंगा-असनान को भी नहीं गये। जजुमानों के घरों की राह नहीं पकड़ी। प्रतीच्छा करते रहे। कब रात आधी बीते। कब सुकवा उदय हो ओर कब हम कुँवाटि की ओर प्रस्थान करें। आखिर आधी राति भई। नदी पार जंगल में महोख ने हूक-हूक-हूक की आवाज लगायी। अब हमसे नहीं रहा गया। कहीं बिल खोदने में देर न लगे, यही सोच कर हमने दिये की जोत धीमी की, लोहबन्ना उठाया, काँधे पर फावड़ा रखा और दो बड़े-बड़े झोले साथ लिए। कुँवाटि के किनारे पहुँच कर हमने धीमे-धीमे आवाज लगायी, 'तच्छकराज! हम आ गये हैं।'

तच्छकराज ने तुरन्त बाहर निकल कर हमारा स्वागत किया और हमें बिल की ओर ले चले। चलते-चलते बोले, 'पहला फावड़ा मारते ही आपका दिया बुझ जायेगा।'

'क्यों महाराज?'

'अनन्त मणि-रत्नों की जगमग ज्योति प्रगट होगी। और देखियेगा, तब आपका दिया लजा कर बुझ जायेगा।'

'ऐश्वर्य के सामने दरिद्रता लजा कर आँखें मूँद लेगी।' हमने आनन्द मगन हो कर कहा।

'लेकिन हमारा एक स्वारथ है।' नाग देवता ने कहा।

'स्वारथ?' हम चौंक पड़े।

'देखिये बाँम्हन देवता, जितना मैं दे रहा हूँ वह कभी खतम नहीं होगा। आने वाली सन्तानें चाहे जितना उड़ायें-पड़ायें, कभी नहीं चुकेगा यह धन। देखिये, जानते हैं, मैंने दो झोले लाने को क्यों कहा? एक में तो यह सारा भूमिगत ऐश्वर्य आप भर लीजिए। और दूसरे में मुझे।'

'आपको क्यों?' हमें लगा, जरूर इसमें कोई फेर है।

'आप ब्राह्मण हैं। आप ही की पीठ पर हमारा तरन-तारन लिखा है।'

'क्या कहना चाहते हैं आप?' हमने झुंझला कर पूछा।

'मैं गलना चाहता हूँ। आप मुझे अपनी पीठ पर लाद कर हिमालय भगवान की सबसे ऊँची चोटी पर छोड़ दीजिए। मुझे सिर्फ मुक्ति चाहिए। इस ऐश्वर्य को अगोरते-अगोरते मैं थक गया हूँ, ऊब गया हूँ। मैं इस कुँवाटि के बाहर कभी गया ही नहीं। बूढ़ा हो गया मैं, और दुनिया अनदेखी ही रह गयी। अब, इस अवस्था में निकलूँगा तो लोग मुझे मार डालेंगे। आपकी पीठ पर लद कर चलूँगा तो मुझे कोई नहीं जानेगा। आप कृपा करें। यही मेरी अरज़ है।'

हमें दया आ गयी। हम करिया बाँम्हन हैं। किसी के किये को भूलते नहीं। हमें सिर्फ़ यह चिन्ता हुई कि इतनी अथाह सम्पत्ति ब्राह्मणी के पास छोड़ कर जाना निरापद नहीं होगा। भगवान हिमालय पर तो चढ़ने में महीनों लग जायेंगे। लेकिन कोई बात नहीं। इस रतन-धन से हमारे आने वाले बंसधरों का भी तो तरन-तारन है। यह तो एक हाथ से लेना और दूसरे हाथ से देना हुआ। यही तो संसार का नियम है। सत्य को जानना हो तो अपने आसपास झाँको। वहीं पड़ा हुआ मिलेगा वह, बीच रस्ते में। उसे बहुत बड़े सोच-विचार और शास्त्रार्थ में ढूँढ़ने की जरूरत नहीं है। कोई जन्मों से संचित ऐश्वर्य लुटा कर मुकुति बेसाह रहा है और कोई एक गिजगिजे मरियल सर्प को पीठ पर लादकर। सो, हमने तच्छकराज की बात मान ली। जब भोर का पहला कौवा 'काँव-काँव' करता हुआ हमारे ऊपर से उड़ा तो हमारे कन्धों पर लटके हुए दो झोले थे। एक में मणि-रतन, स्वर्णाभूषण, जगमग हीरे। और दूसरे में कुंडली मारे एक बूढ़ा सर्प।

हमारी जात्रा बड़ी कठिन रही। बार-बार हमारा मन पीछे भटकता। इच्छा होती, यही कहीं आसपास झोले को फेंक कर चम्पत हो जाऊँ। मन चिन्ता-ग्रस्त था। चढ़ाई चढ़ते-चढ़ते दम निकला जा रहा था। उस पर तच्छकराज बार-बार जगह-जगह असनान की इच्छा प्रकट करते। झोले से बाहर निकलते ही उनको कविता सूझने लगती। वे भगवान हिमालय के सौन्दर्य का बड़ी ही भावुक-भाखा में बखान करने लगते। हमें चिढ़ होती। हमें तो मया ने आन्हर कर दिया था। हमारा मन तो बार-बार उस खँड़हर मकान के चुहानी घर में लगा हुआ था। वैसे हम ब्राह्मणी को सिखा आये थे। गाँव में दुआरे-दुआरे भीख माँगती फिरना। लेकिन एक आँख घरे की ओर रहे। पिछुआरे बबुर की झाँग रख देना। कहना, पंडित तो तीरथ को गया और घर में एक मुट्ठी पिसान भी नहीं। अवसर पड़े तो हमें अपर्शब्दों में याद करना। वह जो गालियों का वमन कभी-कभी करती हो, उसी शैली से काम लेना। बीच-बीच में विलाप करने लगना। किसी को सपने में यह भनक न लगे कि इस खंडहर में आने वाले जुग-जुगान्तरों के लिए बिलास-वैभव, ज्ञान-अज्ञान, करम-कुकरम के लिए अनन्त ऐश्वर्य भरा पड़ा है। ब्राह्मणी ने

दिलासा दिया था, 'आप जाइए महाराज, जितना ज्ञान मुझे दे रहे हैं, उसके सौगुना मेरे पास खुद है। मैं तो ऐसा पसारा पसारूँगी, ऐसा पसारा पसारूँगी कि लोग चौखट नहीं हलेंगे। द्वार पर ही सीधा-पिसान रख कर प्रणाम कर के चले जायेंगे।'

'बस, बस बाँम्हन देवता, हम आ गये। बस, यहीं से झोला घुमा कर उस बर्फीले प्रदेश की ओर हमें फेंक दीजिए।' तच्छकराज ने कहा।

हमने देखा, जहाँ तक दृष्टि जाती थी, बर्फ ही बर्फ। ऊँची-नीचे, बालू के ढूहों वाले रेगिस्तान की तरह। और सनसनाती हुई, हाड़-हाड़ कँपाती हवा। और ऊपर अनन्त नीला आकाश। सभी कुछ अजीब ढंग से प्रवंचनापूर्ण और कँपकँपी पैदा करने वाला। यहाँ ज्यादा देर रुकना ठीक न होगा—हमने सोचा। तब हमने झोले सहित सर्पराज को घुमा कर घाटी के बर्फ की ओर फेंक दिया। झोला तो पीछे रह गया लेकिन सर्पराज उसमें से छिटक कर दूर बर्फ पर जा गिरे। एक चपाक की आवाज आयी और उसके बाद दहला देने वाली फूत्कार। तच्छकराज फन उठा कर लहरें लेने लगे। दिये की जोत बुझने के पहले का यह हाहाकार है—हमने सोचा, और विदा में दोनों हाथ जोड़ दिये।

तभी एक भयंकर अट्टहास की आवाज आयी। हमने देखा कि उस निर्जन, सफेद शून्य में तच्छकराज ठठाकर बार-बार हँस रहे हैं, और हमें देख कर हँस रहे हैं।

'क्या बात है महाराज?' हमने चिल्ला कर पूछा।

'लौट जाओ। जल्दी से जल्दी लौट जाओ। अब यही तुम्हारी नियति है।' तच्छकराज ने कहा और फिर ठठाकर हँसे।

'लेकिन महाराज! आप ठठाकर इस तरह हँस क्यों रहे हैं?'

'तुम्हीं को देख कर हँसी आ रही है।'

'लेकिन क्यों तच्छकराज?'

'जानना चाहते हो?'

'हाँ सर्पराज!'

'सचमुच जानना चाहते हो तो जा कर काशी नरेश से पूछो।'

इतना कह कर तच्छकराज बरफ में अलोप हो गये।

बड़ी दुविधा और उधेड़बुन में हम नीचे उतरे! हमारे साथ क्या घटने वाला है प्रभु! यह कौन-सा खेल खेल रहे हो दयानिधान! क्या सब कुछ बेअरथ हो

जायेगा! क्या घर लौट जाँय! पता नहीं, हमारी ब्राह्मणी को कैसे-कैसे खटराग रचने पड़ रहे होंगे। फिर बहुत सोच-विचार के बाद हमने तय किया कि हमें तच्छकराज की बात मान लेनी चाहिए। कहीं ऐसा न हो कि न मानें और सारा मिला हुआ धन लता-पता हो जाय। अतः हमने सोचा कि काशिराज के दर्शन-लाभ करके ही घर जायेंगे।

तब यहीं, इसी घाट पर हमने असनान किया। महीनों की थकान उतारी। फिर हम काशिराज के दरबार में पहुँचे। द्वारपाल से अरज लगायी तो तुरन्त भीतर से बुलावा आ गया। हमने देखा, मणि-माणिक के खम्भों से जगमगाते दरबार में काशिराज स्वर्ण-सिंहासन पर बिराजमान हैं और दरबार लगा हुआ है। हमें देखते ही महाराज सिंहासन से उठ खड़े हुए। उनके साथ सारे दरबारी भी। हमें तो चकाचौंध लगी हुई थी। कल तक जजुमान लोग जिसके सीधे पर हल्दी की एक गाँठ नहीं रखते थे, उस दीन-हीन देहाती बाँम्हन का इतना स्वागत!

'आइये, आइए विप्रवर!' महाराज ने मुस्कुराते हुए कहा।

हमारे तो पाँव जैसे धरती में गड़ गये थे। तब महाराज स्वयं आगे आये और अँकवार-भेंट के बाद हमें सिंहासन के निकट एक आसन पर ला-बिठाया।

'मैं जानता हूँ, आप क्यों आये हैं।' काशिराज ने हँसते हुए कहा।

'आप जानते हैं?' हमारे आश्चरज का वार-पार नहीं था।

काशिराज ने मुस्कुराते हुए सिर हिलाया।

'लेकिन देव, हमारी जिज्ञासा का उत्तर एकान्त में मिले—यह हमारी प्रार्थना है।' हमने कहा।

काशिराज ने अपने कमल-नयन जरा-सा तिरछे किये और सारा दरबार एकदम-से खाली हो गया।

'हमने उनके लिए क्या-क्या नहीं किया महाराज! फिर भी...!' हमने एकान्त पा कर कहा।

'फिर भी गलते समय तच्छकराज ठठाकर हँसे थे।' काशिराज ने हमारे मुँह की बात छीन ली।

'हाँ प्रजापालक, और यह भी कहा कि इसका भेद काशी नरेश से पूछो।'

'आप अतिथि हैं। पहले मुझे सेवा का अवसर दीजिए। कुछ दिन विश्राम कीजिए। फिर सब कुछ बता दूँगा।' काशिराज ने कहा।

'नहीं भगवन्, हमें जल्दी-से-जल्दी घर पहुँचना है।'

'वहाँ पहरा बैठा देते हैं।' काशिराज हँसे।

'नहीं महाराज, गाँव वालों को सन्देह हो जायेगा।'

'तो आप अभी जानना चाहते हैं?'

'अगर महाराज की कृपा हो।'

'तो सुनिये ब्रह्मदेव!' महाराज ने कथा सुनायी।

कभी प्राचीन से भी प्राचीनतर काल में तीन गृहस्थ मुनि थे। वे तीनों तीन दिशाओं से आये थे और हिमालय पर गलने जा रहे थे। वे ऋषि, संन्यासी या तपस्वी नहीं थे—सद्‌गृहस्थ थे। उन्होंने कभी किसी को सताया नहीं। पवित्र, शान्त और निर्मल जीवन था उनका। वे जड़-चेतन सभी की सेवा में सदा तत्पर रहते थे। वे पृथ्वी, प्रकृति और मनुष्य से गहरा प्रेम करते थे। वे संस्कृति के सार-तत्व थे। फूलों के पराग की तरह गन्धमय, ऊर्वर, समृद्ध था उनका अस्तित्व। इस धरती पर वे कोमल, मृदु-मन्द्र झंकार की तरह बसते थे। हर वस्तु, सत्य और घटना को तर्क की कसौटी पर कसना उनके जीवन का नियम था।

यह सब था। उनके जीवन में कहीं कोई दुराव, कोई द्वैत नहीं था।

लेकिन उन्होंने देखा कि अधिकांश लोग इस द्वैत की शरण में ही तो हैं! उसके बिना उनकी गति नहीं है। चमचमाता हुआ असत्य, अन्धकार और छद्म ही उनका जीवन है। लिप्सा सर्वान्तव्यापी है और वही उन्नति के द्वार खोलती है। लूटपाट—सभ्य, सुसंस्कृत लूट-पाट, जाल-फ़रेब और अनन्य अन्याय—यही अन्त में विजयी होते हैं। और यही सत्य, ज्ञान और नीति के रूप में 'शास्त्र' बन जाते हैं। उन्होंने इस विचार को भी तर्क की कसौटी पर कसा। वे कभी चूके नहीं। भावुक नहीं हुए। दुखी-उदास, व्याकुल या नत-शिर नहीं हुए। एक सतत् संघर्ष और जिज्ञासा-भाव उनमें बराबर बना रहा। इसी तरह उन्होंने जाना कि सभी सत्य तात्कालिक होते हैं। बहुत दूर तक कुछ भी नहीं जाता। तब उन्होंने जाना कि तर्क भी निस्सार है—धौंस है। सत्य भी निस्सार है—मनबहलाव है। असत्य भी। अर्थ भी। अनर्थ भी। उन्होंने देखा कि पूरी प्रकृति में असत्य और अन्धकार रमा हुआ है और वह सत्य भी है, तात्कालिक भी है, अनन्त-अपरम्पार भी है। तब उन्होंने जाना कि सत्य और तर्क के इसी अन्धत्व में से वह बर्बर हिंसा फूटती है, जिसमें दुनियाँ लुटती-पिटती आगे बढ़ती है। गति भी लहूलुहान है और अगति भी। इस अशिष्ट संसार में कुछ भी सुरक्षित नहीं है। उन्होंने पाया कि जीवन के लिए कोई

तर्क-अतर्क नहीं है। जो सबसे प्रिय है, वही सबसे अधिक दुख़ देता है। और यह दुःख भी सत्य नहीं है।

...नहीं...अब और नहीं। अब बस। यही सोच कर उन्होंने इच्छा-मृत्यु का वरण किया और भगवान हिमालय की ओर प्रस्थान। वे जानते थे, यह मुक्ति नहीं है। यह सिर्फ़ तिरोभाव है, 'न कुछ' हो जाना है। जानते हैं विप्रवर! ज्ञान-वृद्ध लोगों का ज्ञान ही उनका वध करता है। उसी के हाथों वे बार-बार मरते हैं।

तो इसी भाव से वे तीनों गृहस्थ मुनि चले जा रहे थे। तभी उन्होंने पाया कि एक कुत्ता भी उनके पीछे-पीछे चला आ रहा है। तीनों गृहस्थ मुनि चकित। पहले तो उन्होंने उसे बहुत दुरदुराया। कुत्ते ने न पूँछ हिलाई, न पीछे लौटा, न गुर्राया, न भौंका—चुपचाप उनके पत्थरों से दाँये-बाँये हटता हुआ बचता रहा। तब एक गृहस्थ मुनि को शंका हुई।

'आप कौन हैं कुकुर भगत?' उन्होंने पूछा।

'मैं कुबेर हूँ।'

'कुबेर हैं तो हमारे पीछे क्यों आ रहे हैं?'

'मैंने भी इच्छा-मृत्यु का वरण किया है।' कुकुर भगत ने कहा।

'क्यों महाराज? आपने भी क्यों?' तीनों गृहस्थ मुनि आश्चर्य में पड़ गये।

'मेरे लड़के मेरी हत्या करना चाहते थे।' कुकुर भगत ने कहा।

'और आपकी धन-सम्पत्ति?'

'उसे तो मैं नीचे तराई के जंगल में दफ़ना आया हूँ।'

यह कहना था कि कुबेर महाराज के दोनों कानों में बड़े ज़ोर का क्रंदन और हाहाकार सुनाई पड़ा। तीनों गृहस्थ मुनि दूर हट गये।

'हमें मरना नहीं है। हमें मरना नहीं है। कुकुर भगत यानी कुबेर के दोनों कानों से आवाज़ आयी।

'ये आपके कानों में कौन लोग छिपे बैठे हैं महाराज?' एक गृहस्थ मुनि ने पूछा।

'मेरे दोनों कानों में चिपकी हुई ये दो अँठई हैं।' कुकुर भगत ने कहा।

'हमें नहीं मरना है। हमें बाहर निकालो।' कुकुर भगत के दोनों कानों से फिर आवाज़ आयी।

'मुनि-गण! कृपा करें। मेरे कानों से इन्हें नोच कर बाहर फेंक दीजिए।' कुबेर ने मिन्नत में दोनों अगले पंजे जोड़ दिये। मुनियों ने कुबेर के कानों में से दोनों अँठइयों को नोच कर बाहर निकाला। निहायत गिजगिजी और बदरूप। उनका जी घिना गया।

'हमें ज़ोर से फेंकिये। हमें दूर तराई के जंगल में फेंकिये।' अँठइयों ने कहा।

मुनियों ने जल्दी से उन्हें दूर नीचे, तराई के जंगल की ओर खिसका दिया। फिर उन्होंने मंदाकिनी के शुभ्र जल में स्नान किया और कुकुर भगत को भी नहलाया। फिर वे बर्फ़ीले शून्य में एक साथ अदृश्य हो गये।

'कुछ समझ में आ रहा है विप्रवर, तक्षकराज क्यों ठठाकर हँसे थे?' काशिराज ने कहा।

'कुछ-कुछ समझ में आ रहा है प्रजापालक!' हमने कहा।

'जानते हैं बाँम्हन देवता! वे दोनों अँठइयाँ कौन थीं?' काशिराज ने हँस कर पूछा।

'आप ही अपने श्रीमुख से बखानें महाराज!' हमने हाथ जोड़ दिये।

'उनमें से एक अँठई तो मैं हूँ, जो राजा हूँ। और एक आप हैं,' काशिराज हँसे, 'हमें मरना नहीं है। हम ज्ञान-वृद्ध नहीं हैं। हत्यारे ज्ञान से हम अपना दामन सदा बचाये रखते हैं। हम सत्य-असत्य के फेरे में नहीं पड़ते। गृहस्थ मुनि आते-जाते रहेंगे। विचार आयेंगे-जायेंगे। हमें आहत करेंगे। दबायेंगे। हल्ला-गुल्ला होगा। मुठभेड़ होगी। सत्य-असत्य पर ज्ञान-चर्चा होगी। नियम बनेंगे। शास्त्र बनेंगे। लेकिन हम चुपचाप कानों में चिपके रहेंगे। हम और आप बाँम्हन देवता! आप देख तो रहे हैं—चारों वर्ण, पृथ्वी-आकाश, विष्णु भगवान, लक्ष्मी जी—सभी को चमोखे हुए हम हैं...अभी हैं, और मिल-बाँट के भोग लगा रहे हैं।'

'बाह रे लंगड़ ज्ञानी! धन्न हो बाबा! डीह की इज्जत रख ली तुमने तो। और क्या अरथ-परकास किया कासिराज ने भी!' अँधेरे में हुँकारी पारने वाले किसी श्रोता की गद्गद् आवाज़ सुनाई दी, 'फिर का भया बबवा?'

'फिर का भया? घाट पर हमरी चरन-धूर लेने की होड़ लग गयी।' लंगड़ ने कहा।

'और वह मूरख बाँम्हन, जो तुमसे रन ठाने था?'

'वह तो हमारे चरनों में लोट गया।' लंगड़ भगत हँसे।

'क्या कहता था?'

'कहने लगा, 'महापंडित! हमें गण्डा बाँध दो।''

'तब?'

'तब क्या? हमने कहा, 'चल हट, हमारी गुरुआइन का जो आदेश था, हम उसके विपरीत आचरन कभी नहीं करेंगे।''

'तब?'

'तब जनता-जनार्दन ने पूछा, 'आपकी गुरुआइन ने क्या आदेश दिया था पंडित ज्ञानी?''

'यही कि चेले कभी मत मूँड़ना।' हमने कहा।

'क्यों भगवन?' जनता-जनार्दन विनत हुई।

'क्योंकि चेले पंथ में बिकार पैदा करते हैं।'

◆◆

रेत

सिलहुँत डोम ने चौधरी सुरेन्द्र बहादुर सिंह के बैठके के नीचे से ही हाँक लगायी—'जै हो जजुमान! काली माई, बरम बाबा कइलान करें। डीह बाबा, टाँड़ी के भूत-परेत, नदी-नारा के बुड़ुआ, आन्हर लूक-लुकान, बाणे के सियार-सन्त, पकड़ी पर की चुरइल माता—सब सहइता करें। ठाकुर-ठेकान के कुल-परिवार, बड़का बबुआ, छोटका नाती, सब बाढ़ें। ओझा-पखान, नरक-सरग के भगत-भगतिन बखरी की रखवारी करें। जै हो, बाबू की चरन-धूर मिले।' हाँक लगाने के बाद सिलहुँत डोम भुँइआँ पर चुक्का-मुक्का बैठ गये और चौधरी साहेब का इन्तजार करने लगे।

अन्दर ख़बर गयी। चौधरी साहेब नर्चा गुड़गुड़ा रहे थे। चापलूस घेरे हुए उन्हें भाँति-भाँति से रिझा रहे थे। चौधरी साहेब अपनी कँटीली, अधपकी मूँछों में सिर्फ़ मुस्कुराते हैं, कभी खुल कर हँसते नहीं। इससे रुआब बना रहता है। जमींदारी तो चली गयी लेकिन चौधरी साहेब के पास खुदकाश्त और सीर की ज़मीन काफ़ी थी। पहले चरन पर सोलह बैल बँधे रहते थे। अब ट्रैक्टर है, थ्रेशर है, ट्यूबवेल है। हलवाहे-चरवाहे, कोइरी-कानत बहुत मजदूर हैं। जमीन गयी। जो बची वह सोना उगलती है। इसलिए कोई कमी नहीं। पहले से भी जियादा चमक-दमक है। तो चौधरी सुरेन्द्र बहादुर सिंह ने नर्चे की नली मुँह से बाहर निकाली और उठ खड़े हुए। साथ-साथ दरबारी-गण भी बाहर आये। सभी से देखा—एक करिया-भुचेंङ्, छव-फिट्टा डोम कछनी काछे, सिर पर लाल मुरेठा बान्हे, सात हाथ की लाठी लिए, छाती ताने दुआरे खड़ा है। चौधरी साहेब समझ गये। अपनी नखुन्नी पनही उतारी। पक्के चौतरे से नीचे उतरे और जहाँ खूब भुरभुरी धूर थी वहाँ अपने दोनों चरन-कमलों की छाप बनायी। फिर ऊपर चौतरे पर चढ़ कर खड़े हो गये।

सिलहुँत डोम ने अपना लाल मुरेठा उतार कर एक ओर रखा। लाठी भुँइआँ में लोटाई और साष्टांग लेट कर अपना माथा चौधरी साहेब के पाँवों की छाप में

रख दिया। फिर मूड़ी हिला-हिला कर अपना माथा उसी में रगड़ते रहे। उसके बाद उठे और वहाँ से धूर उठा कर अपने और अंग-अंग में भभूत की तरह मला। तब मुरेठा सिर पर धरा, लाठी उठाई और चौतरे पर चढ़ गये। चापलूसों सहित पूरा गोल अन्दर के बैठके में आ गया। सिलहुँत धरती पर बैठ गये।

'कइसे चले हो डोमराजा?' चौधरी साहेब ने सवाल किया।

'का करें मालिक। बड़ी आफति में फँसे हैं।' सिलहुँत ने कहा।

'कइसी आफति हो?' चौधरी साहेब बोले।

'लइकनी के बियाह परि गया है मालिक!'

'तब? ई तो खुसी की बाति है। आ तूँ कहि रहे हो कि आफति आइ गयी?'

चापलूस-गण हँसे। कोई बोला, 'अरे, ठाकुर-ठेकान के रहते कइसी आफति?'

'तूँ का जानो', सिलहुँत गरजे, 'भाई-बन्द होते तो जानते?'

'त आखिर अइसा का हुआ? कुछ बताओगे भी कि खाली बुझनी बुझाओगे।' चौधरी साहेब ने कहा।

'मालिक, जदि बाउर ना लागे तो एक बाति कहें।' सिलहुँत बोले।

'बोलो-बोलो।'

'चरन-धूर लिए हो, बोलो।' चापलूसों में से किसी ने ठेका लगाया।

'अभयदान दिये हैं, बोलो।' किसी दूसरे ने कहा।

'बोलो, सोचने की का बाति है।' चौधरी साहेब ने नर्चे की नली मुँह में लगा ली।

'मालिक, हम ई सोचि रहे हैं...' सिलहुँत अँटके। उन्होंने चौधरी साहेब की आँखों में देखा।

'हाँ हाँ।' चौधरी साहेब ने इशारा किया बात पूरी करने के लिए।

'हम ई सोचि रहे हैं कि राउर गाँव बेंचि दें।' सिलहुँत भक्-से बोल पड़े।

चौधरी साहेब के मुँह से नर्चे की नली एक झटके से निकल गयी। भरे दरबार में सन्नाटा पड़ गया। चौधरी साहेब के लकड़दादा चौधरी बुद्धन सिंह अँगरेजी राज के जमाने में बिलाइत गये थे। तब इहाँ सुप्रीम कोर्ट नहीं हुआ करता था। तो उहाँ प्रिवी कौंसिल में लड़ाई लड़ कर अरियात-करियात, गंगा के इस पार-उस पार की सारी जमीन जीत कर आये थे। फिर सारी जमीन उन्होंने चौदहों पट्टी में बाँटी। अपने लिए दक्खिन का दीयर और करइल का ख़ित्ता हथियाया।

और माँझी घाट से बगसर तक गंगा के दोनों किनारों के घाट-घटउर सिलहुँत डोम के बाप-दादा को जमींदारी में दिया।... और अब तनी देखो। हमारा ही बनाया हुआ हमीं को आँखि देखाता है। हमारा गाँव बेंचि देगा? अरे, कौन डोमड़ा साला आयेगा, हिंयाँ किरिया-करम करवाने? चौधरी साहेब का नथुना फूलने-पचकने लगा। लेकिन सोचा, इसमें तो भारी बेइज्जती होगी। हमारा ही गाँव बेंचि देंगा, हमारे रहते। जरूर कौनो बिपति है। नहीं तो सिलहुँत एतनी बड़ी बाति नहीं बोल देता। सो, चौधरी साहेब ने सोचा, पूछ ही लें।

'ई कुभाखा मुँह से कइसे निकारे तूँ?' चौधरी साहेब गरजे।

'अब सकती नहीं है, ठाकुर बाबू! बियाह करे के सकती नहीं हैं।' सिलहुँत गिड़गिड़ाये।

'सकती नहीं है? तब हम काहे को हैं? तब हमारी चरन-धूर काहे लिओ तूँ?'

'हाँ, काहे लियो चरन-धूर?' किसी चापलूस ने हुँकारी भरी।

'जो कुछ लगेगा बियाह में, हम सब देंगे। बाकी गाँव बेंचने की बाति कही तो लउर का हुर मुँह में डालि के पेट चीर देंगे। समझे कि नाहीं?' चौधरी साहेब ने मूँछों पर ताव दिया।

'ऊ त बाति हम जनते हैं मालिक! बाकी बाति ओतनी ही नहीं न।' सिलहुँत ने बात में रहस्य की गाँठ डाल दी।

'फेर-फेर बुझनी बुझाता है?' चौधरी साहेब ने डाँटा।

'बुझनी नाहीं सरकार! सत्त बात है।'

'का सत्त बात है?' चौधरी साहेब झुँझलाहट में नर्चा जोर-जोर से गुड़गुड़ाने लगे।

'डोम-डेरवा अब नहीं रहा मालिक, ई त जनते हैं,' सिलहुँत ने कहा, 'सब उजरि-पजरि गये। बाबू लोग मार-पीट के भगा दिये। किसकी-किसकी सिकाइत ले के आते सरकार! कहूँ सोनवाई नहीं रही। औरतन की सबसे फजिहत रही बाबू! बाकी जो बीति गयी ताके बिसारि दें। अब जो पट्ठे-जवान बचे रहे उन्हें साँप-कीरा बइर-मनार पत्तले के जूठ-काँठ—जब पेट-भरे के कुच्छो नहीं मिला तो देसावर भागि गये। उहाँ चोरी-चिकारी करते हैं। जेहल खटते हैं। कुछ काम-धाम करते हैं। पेट पालते हैं सरकार! अब इहाँ हमहीं दुइ घर मालिक की सेवा में बचे हैं। मालिक का मोह-छोह है, दया-माया है। बाकी दुइ घर में नवहा कइ ठो, ले-दे के बाप-पूत हम और एक ठो भतीज। ओतने में बाराति कइसे छनी मलिकार!' सिलहुँत ने माथा जमीन पर टेक दिया।

'बारात?' चौधरी साहब आश्चरज में पड़ गये।

'डोम के बियाह कहसे होता है मालिक, जानते हैं न?'

'हम कइसे जानेंगे डोमराजा!' चौधरी साहेब बोले।

'जब तक कपार नहीं फाटता, सुभ-साइत नहीं आती महाराज!'

'किसका कपार हो?' चौधरी साहेब ने प्रश्न किया।

'दूनों में से कौनों पारटी का। चाहे लइकनी के बाप का, चाहे दुलहा के बाप का। दूनों में से कौनो समधी के कपारे से रकत बहे के चाही मालिक!'

'त तूँ आपन कपार फोरवा काहे नहीं लेता?' चौधरी साहेब ने कहा।

'इहे त बाति है मालिक!' सिलहुंत बोले, 'हमारा ही कपार फाटि जायेगा, तब आपकी और डीह की इज्जत क्या रह जायेगी! यही तो चिन्ता का कारन है महाराज!'

'हँअँ, ई बाति तो है।' चौधरी साहेब सोच में पड़ गये।

'कौनो उपाय करीं मालिक!' सिलहुँत बोले।

'कवन उपाय करीं डोमराजा?'

'अइसन करीं कि जब बाराति सिवाने ठेंके त गाँव के नवहन के चला देईं।' सिलहुँत ने उपाय बताया।

'नवहन के चला देईं? का मतलब?' चौधरी साहेब की मूँछ के बाल फरकने लगे।

'डेराइए मत हजूर!' सिलहुंत ने कहा, 'नवहा लोग सिवान पर नदी के अरारे-अरारे दूरे-दूर खड़ा हो जाँय। हम बाप-पूत आगे बढ़ेंगे। फेर देखब महराज! ई राउर परजा समधी के कपार ना चटका दे, तब कहिए।'

'ठीक है।' चौधरी साहेब को बात जँच गयी।

दरबार बर्खास हो गया।

आखिर बियाह का दिन आ गया। गंगा-पार से डोमों की गजब की बारात उतरी और लाठियाँ चमकाती सिवान पर ठेंक गयी। एक-से-एक गभरू जवान...लम्बे, तड़ंगे—जैसे लोहे को करू तेल से चमका दिया गया हो। आगे-आगे लाल मुरेठा बान्हे सिलहुँत का समधी, उसका भाई और दुलहा।

तभी सिलहुँत ने पीछे मुड़ कर देखा। गाँव के ठाकुरों के सैकड़ों नवहे लाठियाँ काँधे पर रखे, नदी के अरार पर लाइन से खड़े थे। सिलहुँत का मन बढ़ा। दोनों बाप-पूत और भतीज धावा बोलने के अन्दाज में बारात की ओर बढ़े। बारात के डोमों ने लाठियाँ भाँजनी शुरू कर दीं। सिलहुँत ने अपने समधी और

होने वाले दामाद को ललकारते हुए कहा, 'तनी उधरो देखो हरामियों! नदी के कछार की ओर। हमारा खान्दान छोटा नहीं है।'

'इतने सारे डोमड़े!' सिलहुँत के समधी ने अचम्भे से आँखें मिचमिच करते हुए देखा।

'का देख रहे हो! सब हमरे रेत से पैदा भये हैं।' सिलहुँत ने कहा।

'सच?' सिलहुँत के समधी ने कहा।

'सच नहीं तो का झूठ।' सिलहुँत दो गज आगे बढ़े, 'तनी अपने पिछुआरे भी उलट के देखो, हमारे बल-परताप का पता चलेगा।' सिलहुँत ने बारात के पीछे इशारा किया।

समधी इस भभके में आ गया। उसने जैसे ही सिर घुमा कर पीछे बबुर-बन की ओर देखा, सिलहुँत ने आव देखा न ताव—चीते की तरह उछल कर फट्ट से समधी के कपार पर लोहबन्ना जड़ दिया। कपारे से रकत की धार फुहारे की तरह फूटी।

समधी भुँइआँ गिरने को हुआ कि लपक कर सिलहुँत ने अँकवारी में भर लिया।

◆◆

दुर्गन्ध

वह छत नहीं जैसे सबसे ऊँची मीनार थी। जब भी वह नीचे झाँकता तो सिर्फ़ खँखार कर थूकने के लिए। उसे फ़िक्र नहीं थी कि उसका थूक हवा में घुल जायेगा या नीचे लोगों पर एक फुहार की तरह छितरा कर गिरेगा और चिपक जायेगा। खँखारने के बाद सिर्फ़ वह अट्टहास करता था और खुश होता था कि वह निरापद है। और लोग पिद्दी हैं और उससे डरते हैं...

बचपन में वह एक निहायत सीधा-सादा लड़का था। उसकी माँ उसे प्यार से भोलाराम कहा करती थी। तब उसकी सबसे बड़ी इच्छा थी कि वह अपने बाप की तरह ही पान की खूबसूरत गिलौरियाँ लगा सके और मूँछें ऐंठता हुआ अकड़ा करे। लेकिन बाप उसे स्कूल भेजता था। शुरू में उसे स्कूल जाने से भयंकर नफ़रत थी और मास्टर उसे भूतों की तरह दिखाई देते।

लेकिन थोड़े ही दिनों में उसे स्कूल जाना अच्छा लगने लगा। दर्जा चार तक आते-आते उसकी बड़ी ज़ोरों की इच्छा होने लगी कि वह प्राइमरी स्कूल का हेडमास्टर बने। एक दिन वह हेडमास्टर बन कर अपनी छोटी बहन को पीट रहा था कि पकड़ गया और बाप ने उसकी ज़रा जम के धुनाई कर दी। वह बाप से कतराने लगा।

वह चुप रहने लगा और बड़े ही चालाक ढंग से आज्ञाकारी होने का ढोंग करने लगा।

यहाँ तक कि आखिरकार...एक दिन उसने पाया कि वह शहर के एक इण्टर कालेज में मास्टर हो गया है। उस रात उसने एक अजीब सपना देखा। एक अँधेरा जंगल है। वह जंगल में बेतहाशा तैर रहा है और नाक से चिंघाड़ रहा है। फिर वह चिंघाड़ रुलाई में बदल गयी। उसे रोता हुआ देख कर पत्नी ने झकझोर कर जगा दिया तो वह उसे थोड़ी देर घूरता रहा, फिर डाँटने लगा।

लेकिन धूप चढ़ने के साथ ही वह सपने को भूल गया। वह खुश था कि वह कुछ हो गया है। उसने मन-ही-मन कहा—'देख लूँगा सभी को।' और

हँसा। उस दिन पहली बार उसने गली में आते-जाते लोगों को मुस्कुरा कर देखा जैसे उनका रहनुमा हो। फिर उसने बच्चों को इर्द-गिर्द इकट्ठा किया और प्यार से थपथपाता रहा। फिर उन्हें दस-दस पैसे दिये और कहा 'भाग जाओ।' बच्चे चकित हुए और कन्खियों से देखते हुए भाग खड़े हुए। वह बड़बड़ाया—'ये शुरुआत के दिन हैं' और अन्दर जा कर जल्दी-जल्दी कपड़े बदलने लगा।

थोड़ी ही देर में वह सड़क पर था। चारों ओर विनम्रता की लबलबाती आँखों से उसने देखा और अपने से बेख़बर मुस्कुराने लगा। यह मुस्कुराती हुई सड़क-यात्रा काफी दिनों तक जारी रही। धीरे-धीरे उसने शहर के तथाकथित सभ्य, संभ्रान्त और कामयाब लोगों के बारे में जानकारी इकट्ठी करनी शुरू की। उसने बाकायदा एक सूची तैयार की, कार्यक्रम बनाया। उनसे सम्पर्क स्थापित किया, मिलने-जुलने लगा, उनके हँसी-ठट्ठे और मज़ाक में शामिल होने लगा। धीरे-धीरे उसे यह महसूस होने लगा कि वह उन्हीं के बीच का आदमी है। उसकी विनम्रता और मुस्कान की तारीफ़ हर जगह होने लगी जिसका नतीजा यह हुआ कि घर के अन्दर छोड़ कर बाकी हर जगह वह दाँत चियारे रहने लगा।

लोगों की प्रशंसा और लिबलिंबी विनम्रता से चिकनाया हुआ तेलौंस-ताम्बई चेहरा लिए एक दिन जब वह घर लौटा तो पाया कि उसका बाप उसके सबसे छोटे बच्चे को गोद में लिए हुए बाहर बरामदे में बैठा उसकी राह तक रहा है। बाप को देख कर वह कुढ़ गया और झुँझलाता हुआ अन्दर चला गया।

फिर उसे लगा कुछ हो नहीं सकता। बाप आख़िर बाप ही है। दूसरे, सभ्यता और आदमियत का जो जगमगाता ताज पहने आजकल वह बाहर से लौटता, उसने उसे कठोर होने से रोक दिया। उसने पत्नी और बच्चों द्वारा बाप की बड़ी आवभगत करवाई। बाप चकित और गद्गद हो गया और रोज गंगा स्नान के बाद धूप सेंकता हुआ अपने पोते-पोतियों को पहाड़े रटाने लगा। इस तरह उसकी दुनिया खूबसूरती और इत्मीनान की ओर बढ़ने लगी। बोली लगा कर उसने अपने लिए एक ऊँचे पाये का पलंग मोल लिया, जिस पर वह अकेले ही सोता और नीचे फर्श पर दरी बिछा कर उसके सारे बच्चे गुटुर-मुटुर सोते थे। कड़ुवे तेल की जगह डाबर का आँवला तेल इस्तेमाल करने लगा। अपने लिए खास महारानी सैंडल सोप की एक बट्टी नहानघर में रखवा ली और घर वालों के लिए फ़िनायल का एक डिब्बा टट्टी में डलवा दिया। बाहर वह ख़ूब बन-ठन के निकलता और गली-मुहल्ला हो या कालेज, सिनेमाघर हो या राशन की दुकान या बैंक का गलियारा, हर जगह मुस्कुराता हुआ टोह में रहता—ऐसी स्थितियों और ऐसे 'सज्जनों' की जिनसे काम सध सके। जिस दिन कुछ नहीं सधता या सुदूर भविष्य

के लिए भी कोई उम्मीद नहीं दिखाई देती, उस दिन वह आफ़त का परकाला बना घर लौटता।

ऐसे ही में एक दिन जब वह चिनचिनाया हुआ घर लौट रहा था, उसने शहर के सबसे बड़े कालेज के प्रिंसिपल को देख लिया। उसने प्रिंसिपल के बारे में बहुत कुछ सुन रखा था लेकिन दर्शन का सुनहला अवसर उसके हाथ अभी तक नहीं लगा था। वह चौकन्ना हो गया और झट अपनी लिबलिबी विनम्रता और मुस्कुराहट का झीना जाल छप्प-से फेंक दिया। प्रिंसिपल साहब भी अनायास ही मुस्कुराये। दूसरे दिन जब सुबह-सुबह वह अपने कालेज पहुँचा तो उसने कालेज की इमारत पर वैसे ही खँखार कर थूक दिया। उसने अपने सहयोगियों को इस तरह वितृष्णा की नज़र से देखा जैसे गधा अपने ही द्वारा चरी हुई घास वाली जगह को फर्रर करके छोड़ देता है। कई दिनों तक वह इस तरह फर्रर-फर्रर करता रहा और पता लगाता रहा कि प्रिंसिपल साहब का जन्म-दिन कब है। आखिर वह दिन आया तो उसने दो किलो लड्डू लिए और सीधा प्रिंसिपल साहब के घर पहुँचा। प्रिंसिपल साहब पहले तो उसके इस अचानक आगमन पर चकित हुए, फिर गम्भीर और फिर थोड़ी देर बाद आराम से फैल गये और अपनी जवानी की कहानी सुनाते हुए सुरसुरी भरने लगे। वह दत्तचित्त सुनता रहा—सिर हिलाता, मुस्कुराता उनके हाव-भाव और हाथों के इशारों से कभी छत, कभी ज़मीन, कभी दरवाज़े-खिड़कियों की ओर देखता। यहाँ तक कि उसकी गर्दन दुखने लगी और एक दाँत लगातार होठों से बाहर दिखने लगा। उसने पसीना पोंछा और इसी बहाने दाँत को होठों के अन्दर घुसा लिया। तीन घंटे बाद जाते-जाते उसने पाँवों की धूल लपक ली। प्रिंसिपल साहब ने उसे कंधों से छुआ तो वह गद्गद हो गया। फिर तो उसकी सौभाग्यशाली शामें वहीं बीतने लगीं।

अब हर शाम वह पान की बढ़िया गिलौरियाँ अपने बाप से लगवा कर लाता। प्रिंसिपल साहब चाय पी चुकते तो वह कहता—'जरा मुँहवाँ खोलिये तो।' प्रिंसिपल साहब छोटे बच्चों की तरह मुँह खोल कर पान डलवा लेते और पपोलते हुए भरे-मुँह बोलते-‍-'वाह् ट्या ठूब पांण लगवाया है। जरा जर्दा छोड़ना तो।' पाँच साल तक इसी तरह वह मुँह में गिलौरियाँ डालता और जर्दा छोड़ता रहा और बाप को अच्छे बीड़े लगाने के लिए धमकियाता-कोसता रहा। आख़िरकार उसकी तपस्या सफल हुई, जब एक दिन प्रिंसिपल साहब ने

मुँह में पान डलवाते हुए कहा कि 'कल से उसे हमारे कालेज में आना है। आगे मैं देख लूँगा।'

नये कालेज में जाने के बाद थोड़ा-थोड़ा करके उसने मुस्कुराना कम करना शुरू किया। अब उसे सड़क पर चलते देख कर लगता कि वह अभी किसी को पीटने जा रहा है। वह चारों ओर शक की नज़रें गड़ाता हुआ आगे बढ़ता और बगल से गुजरने वाले किसी भी अनजान आदमी को देख कर बेमतलब बकना शुरू कर देता। वह दीवारों पर लिखे इश्तहार पढ़ता और हैरान होता कि लोग कहाँ-कहाँ लिख मारते हैं। वह उन इश्तहारों को रहस्यमय समझता। उसे लगता यह सब एक षड्यंत्र है। एक अजीब-सी दहशत में वह घर लौटता। लेकिन वहाँ आते ही उसका रूप बिल्कुल बदल जाता। सारे परिवार पर उसकी दहशत का रंग गहराने लगता। पत्नी और बच्चे और बाप सभी उससे आँखें चुराने लगते। कोई उसे छेड़ने की हिम्मत नहीं कर सकता था। घर वालों के लिए वह एक खूँखार देवता की तरह पूज्य बन गया। उसके बारे में उनके लिए कोई भी निर्णय करना कठिन हो गया। वह उन्हें अजीब रहस्यमय, वहशी और दूर-दूर लगता।

बाप जब भी सामने पड़ता, उसके चेहरे पर एक दयनीयता होती और वह पान की गिलौरियाँ लिए उससे दो बातें करने का मौका ढूँढ़ता रहता। न जाने कब, किस बात पर वह भड़क उठे, इसलिए सारे घर ने एक सकता ओढ़ लिया था और उनकी दिनचर्या उस महान, सफल आदमी के अनिश्चित, क्रूर इशारों के इर्द-गिर्द घिघियाती हुई चक्कर काटने लगी।

अक्सर वह कालेज से लौटने के बाद सीधा बिस्तर में घुस जाता और सिर से पाँव तक लिहाफ़ ओढ़े सोने का बहाना किये अँधेरे को घूरता रहता। सफलता, शर्म और डर की मिली-जुली धुंद में बारी-बारी से कभी वह मुस्कुराता, बुदबुदाता और फिर बकने लगता...'अपने को बड़ा तीसमारखाँ समझते थे...देख लूँगा एक-एक को'...उसके सामने बहुत से चेहरे होते या चेहरों का एक बहुत बड़ा शून्य होता, जिसे वह अपनी गालियों से खरबोटता हुआ बदला लेता और खुश होता और अपनी सफल धूर्तताओं और चालाकियों की उमंग में चिल्ला पड़ता, 'मारो मारो, वह गया।' बरामदे से उसका बाप घबराया हुआ आता, थोड़ी देर कमरे के सन्नाटे में खड़ा रहता फिर लौट कर अपनी बहू से कहता, 'बबुआ के बचपन की बड़बड़ाने की आदत अभी गयी नहीं।'

कुछ वर्षों बाद उसने अपनी समृद्धि और संभ्रान्तता की फ़ेहरिस्त सामने रखी

तो वह बड़ी शानदार निकली—कबाड़ी के यहाँ से ला कर भरा गया चूँ चररर करता फर्नीचर, सहमी हुई पत्नी, घिघियाता हुआ बाप, सकता ओढ़े छः बच्चे, बीस हजार का बीमा, हरी चेक बुक, छिपकलियाँ, बर्रे, गौरय्याँ, मकड़ी के जाले, बन्द रोशनदान, तेलचट रज़ाइयाँ, तूतिया से रँगी दीवारें, भय के साम्राज्य को चौंधियाती ट्यूब लाइट्स, फ़िनायल, चिकनी चंडूल खोपड़ी, पचासी किलो वज़न, घड़घड़ाती हुई नींद, वायु-विकार-ग्रस्त अँतड़ियाँ और उम्र कुल जमा पैंतीस साल। अपनी मुस्कुराहट और सफलता की मोटी खोल के अन्दर अब वह इतना निश्चिन्त और बेहया हो गया था कि उसे लोगों की चिन्ता नहीं थी। बचपन से लगायत बीतती हुई जवानी के सारे वर्षों वह इन लोगों को रिझाने में लगा रहा। वह कितने संयम और धैर्य से दाँत चियारे घूमता रहा था। यहाँ तक कि उसके दाँतों और होठों की शक्ल भी अब वैसी ही हो गयी थी...जो कभी एक अजब-सी खूँखारियत और कभी एक डरावनी मौत का अहसास दिलाती थीं। अपनी इस अदर्शनीय और न मिट सकने वाली विकृति के बाद वह सोचता था कि अब उसकी बारी है। जब भी वह डरता और उसे ज़रा-सा भी शक होता कि बारी उसके हाथ से निकल जायेगी, उसकी बाहें हवा में फैल जातीं और वह किसी चीज को पकड़ने जैसा अभिनय करने लगता।

फिर वह घबरा कर छत की सीढ़ियाँ चढ़ने लगता जैसे वह एक ऊँची, अलक्ष्य, अभेद्य मीनार हो जहाँ उसका कोई बाल-बाँका नहीं कर सकता। वह खँखार कर नीचे गली में थूकता। अट्टहास करता लेकिन उसे लगता, एक डरावनी दुर्गन्ध लगातार उसका पीछा कर रही है।

◆◆

सन्नाटा चाहिए

माननीय न्यायमूर्ति लोग सुबह-शाम—दोनों वक्त सैर को जाते हैं। सैर ज़रूरी है क्योंकि दिन भर न्यायालय में बैठे-बैठे शरीर अकड़ जाता है। सैर को निकलते वक्त उनका अंगरक्षक पचास गज़ की दूरी पर पीछे-पीछे चलता है। उसकी नज़र सीधे अपने मालिक, अपने रहबर पर रहती है। यह व्यवस्था तब शुरू हुई जब न्याय को ले कर किसी इलाके में विस्फोटक प्रतिक्रिया हुई और एक माननीय न्यायमूर्ति जी के साथ वही सलूक हुआ जो आम लोग आपस में करते हैं और फिर न्यायमूर्ति जी के पास जाते हैं। यह एक आतंकित करने वाली बात थी और जिसने भी इस घटना के बारे में पढ़ा उसकी आँखें सीधा देखते हुए तिरछा देखने लगीं। फटाफट व्यवस्था हुई और न्यायमूर्तिगण सुरक्षा के घेरे में चलने-फिरने लगे। स्वास्थ्यवर्धक सैर, जिसमें आदमी अकेला चलता है और फेफड़ों में गहरी साँस खींचता है और हाथ-पैर अस्वाभाविक ढंग से हिलाता है, शरीर को इधर-उधर झटका देता है, जबड़ों को ऐंठता-वैंठता है—यानी एकदम आदमी हो उठता है, वह भी माननीय न्यायमूर्तियों के लिए सुरक्षा के घेरे में आ गयी। अब वे कहीं भी अकेले नहीं रह गये। ...लेकिन माननीय न्यायमूर्ति लोग जब इस तरह घिरे हुए सैर को निकलते हैं तो किसी को पता नहीं चलना चाहिए कि सैर के वक्त पीछे सुरक्षा भी है। वैसे रास्ते के सभी लोग जानते हैं। रास्ते में दोनों ओर पुराने, खस्ताहाल बँगलों की बाउण्ड्री पर लगने वाले खपरैल या एस्बेस्टस से छाये आउट-हाउस हैं। अंग्रज़ों के ज़माने के अवशेष जबकि 'नेटिव्स' दूर उनके फैलाव से परे और बड़े पेड़ों की आड़ में रखे जाते थे, जिससे वे ज़रूरत पर बुलाये जा सकें। अब उनमें मास्टर, सिपाही, मजदूर, उठाईगिरे, दारूबाज, पन्नी बेचने वाले, कूड़ा बटोरने वाले, जमादार, धोबी और सागरपेशा लोग रहते हैं। माननीय न्यायमूर्ति जी को देखते ही लोग सिर नीचा कर लेते हैं। कोई सलाम नहीं कर सकता। इससे संहिता भंग होती है। एक सकता, एक सन्नाटा उस पूरी गलीनुमा सड़क पर छा जाता है।

दरअसल आम आदमी की नज़र में न्यायमूर्ति लोग दूसरी दुनिया के लोग हैं। वे जो कोई नहीं हैं कि झपट कर उस टीले पर चढ़ जायेंगे और सिंहासनबतीसी

फटाफट उनके भीतर से न्याय उगलने लगेगी। दरअसल वे टीले से नीचे जब आधुनिक पगडंडियों पर होते हैं तब भी उतने ही अजूबे और आतंकित करने वाले होते हैं। वे किसी से सम्पर्क नहीं रखते, बातचीत नहीं करते, सार्वजनिक रूप से तो खाँसते-खँखारते भी नहीं। छींकते तो बिल्कुल नहीं। और रास्ते में जहाँ नागरिक खड़े हों वहाँ रुकना मना है। रास्ते के खौरहे कुत्ते भी दुम दबा कर कहीं अगल-बगल दुबक जाते हैं। इस निखिद्ध सड़क को पार करके जब माननीय न्यायमूर्तिगण पार्क के बगल वाली खुली सड़क पर आते हैं तो मुक्ति की साँस लेते हैं। अब दो न्यायमूर्ति आपस में बोल-बतिया सकते हैं। वे बीच-बीच में आसमान की ओर सिर उठा कर हँसते हैं। तब रास्ते का एक उठाईगिरा पचास गज़ पीछे चलते हुए उनके अंगरक्षकों को सलाम ठोंकते हुए कहता है, 'साहब, आप लोग भी आसमान की ओर सिर उठा कर हँसिये।' अंगरक्षक मुस्कुराते हैं। मानीय न्यायमूर्ति लोगों की वह आसमानी हँसी संयत, सलीकेदार और लुभावनी होती है।

'निर्णय संरक्षित रखना उचित था?' एक न्यायमूर्ति जी ने दूसरे न्यायमूर्ति जी से पूछा।

दूसरे न्यायमूर्ति जी पश्चिमी शैली में कन्धे उचका कर मुस्कुराये। अपने किसी 'कलीग' के संरक्षित निर्णय के बारे में पहले न्यायमूर्ति जी ने चर्चा छेड़नी चाही। लेकिन न्याय का तकाज़ा है कि उसके बारे में सड़क पर बात न हो।

'यह ज्ञान-विज्ञान की श्रेष्ठता की संरक्षा का सवाल है। उसे 'पलूट' नहीं होना चाहिए।' पहले न्यायमूर्ति जी ने हाथ की छड़ी सड़क पर ठकठकायी।

दूसरे न्यायमूर्ति जी फिर कुछ नहीं बोले।

'देखिये, बिल्कुल एकान्त है।' पहले न्यायमूर्ति जी ने हँसते हुए कहा।

दूसरे न्यायमूर्ति जी ने अगल-बगल, आगे-पीछे, यहाँ तक कि आसमान की ओर भी सिर उठा कर देखा। लेकिन इस बार हँसते हुए नहीं। कुछ नहीं दिखा। उन्हें लगा कि पहले न्यायमूर्ति जी ग़लती से इस पेशे में चले आये हैं। माननीय न्यायमूर्तियों को सार्वजनिक रूप से मज़ाक नहीं करना चाहिए।

'है न?' पहले न्यायमूर्ति जी ने फिर कहा।

'जी हाँ।'

'आप होते तो क्या करते?'

दूसरे न्यायमूर्ति जी ने उन्हें प्रश्नवाची नेत्रों से विलोका।

'वही जो संरक्षित निर्णय...।'

'मैं क्यों होता!' दूसरे न्यायमूर्ति जी ने बीच ही में टोक दिया।

'चाहे जो हो, निर्णय संरक्षित रखना उचित नहीं है।' पहले न्यायमूर्ति जी ने कहा।

'विधि-प्रक्रिया का प्रश्न है।' दूसरे न्यायमूर्ति जी थोड़ा खुले।

'ना।'

'तब?'

'संरक्षित निर्णय या तो अनिर्णय है या उलझन या तरफ़दारी या डर या उसकी डोर कहीं और बँधी है। या इस बात का इंतज़ार कि अगर दुर्घटना घटनी है तो इस बीच घट जाय।' पहले न्यायमूर्ति जी ने कहा।

'मेरा मत-वैभिन्य है।' दूसरे न्यायमूर्ति जी बोले।

'तब डिवीज़न-बेंच को जायेगा।' पहले न्यायमूर्ति जी हँसे।

दोनों अब खुले एकान्त में आ गये थे। सड़क के दोनों ओर घनघोर बगीचे थे।

'हमारे निकलने के रास्ते में एनक्रोचमेण्ट्स हैं।' थोड़ी देर चुप रहने के बाद पहले न्यायमूर्ति जी ने कहा।

'हाँ...कुछ अजीब है! लोग...इधर-उधर...और...।' दूसरे न्यायमूर्ति जी बोले।

'वहाँ गायें अँधेरे में बीच सड़क में पसरी रहती हैं। लौटते वक्त दिक़्कत होती है। सिपाही हट-हट करता है तो लोग मुस्कुराते हैं।' पहले न्यायमूर्ति जी बोले।

'गोबर भी तो करती हैं।'

'कुत्तों के लिए भी कुछ इन्तज़ाम होना चाहिए।'

'भौंकते तो नहीं।'

'भूँ-भूँ तो करते हैं।'

'इससे भी बड़ी एक उलझन है।'

'उलझन?'

'हमारे टेलीफ़ोन बक्से से बाहरी कनेक्शन भी जाते हैं।'

'और कई लोग कई बार एक साथ बातें करते सुनाई पड़ते हैं।'

'और कोई एक औरत है, चारदीवारी के पार...उधर...रोज़ रात को रोती है।'

'रोती है?' पहले न्यायमूर्ति जी ने आश्चर्य प्रकट किया।

'हाँआँ...।'

'कोई मारता-पीटता होगा।'

'नहीं, रोज़ एक ही तरह से रोती है।'

'तो! रोज़ एक ही तरह से पिटती होगी।'

'आदमी का हाथ कोई मशीन तो है नहीं।' दूसरे न्यायमूर्ति जी बोले।

'और एक ही टाइम पर रोती है?' पहले न्यायमूर्ति जी ने जिज्ञासा प्रकट की।

'नहीं...कभी शाम, कभी आधी रात और कभी बिल्कुल भोर में।'

'यानी टाइम अलग-अलग?'

'और अचानक।'

'संदेहास्पद है कुछ...।'

'बड़ी परेशानी है...।' दूसरे न्यायमूर्ति जी ने हाथ के रूल को दूसरे हाथ से सहलाते हुए बगीचे के अँधेरे की ओर देखा।

'वाइफ़ के लिए होगी...।'

'उन्हें वैसे भी इन्सोमेनियाँ है। ऊपर से धड़का लगा रहता है—अब रोई, तब रोई। इसी इन्तज़ार में सारी रात जागती रहती हैं।'

'चपरासी या सिपाही को भेज कर ढुँढ़वाइए उसे, और कहलवा दीजिए कि रात को न रोये, दिन को रोये।' पहले न्यायमूर्ति जी ने सुझाव दिया।

'यह ग़लत होगा।'

'क्यों?'

'मिक्सिंग होगी...आम लोगों के बीच।'

'ओह्...हाँ।'

'और वो चारदीवारी के पीछे जो नाली है, उसमें कल मरा हुआ पिल्ला डाल दिया था किसी ने।'

'कल ही फेंका था?'

'नहीं, पहले से डाल रखा होगा, जब सड़ने लगा तब पता चला।'

'पीछे बगीचे में बैठना मुश्किल होगा?'

'जी हाँ।'

'जबकि इतने फूल खिले हैं आजकल!'

'फूलों के दिन हैं।'

'मेरे तो काले गुलाब मर गये।'

'अच्छा...लेकिन क्यों?'

'पाले से।' पहले न्यायमूर्ति जी ने कहा।

अब वे वापस उस निखिद्ध सड़क पर लौट रहे थे। दोनों अलग-अलग हो गये और चुप।

सबसे पहले एक कुत्ता-गाड़ी आयी। भरी दोपहरी में। बड़ी चिल्ल-पों मची। उसमें डरे और सकुचाये हुए कुत्ते सींकचों से बाहर झाँकते हुए कों-कों कर रहे थे। बहुत सारे नवजात पिल्ले भी क्योंकि अगहन-पूस का महीना था। उनकी भी शामत आ गयी, क्योंकि इस दुनिया में उनकी तुरत-फुरत आँखें खुली थीं और इस सड़क के रस्मो-रिवाज से अपरिचित वे पूँछ हिलाते हुए न्यायमूर्तियों के पीछे लग जाते थे। वे सड़क के छोर तक जाते और वहाँ एकान्त में जब माननीय न्यायमूर्ति लोग हाथ की छड़ी से उन्हें दुरदुराते तो वे उदास हो कर अपनी परिचित सड़क पर लौट आते। लेकिन उस दिन वे भी उठा लिए गये। तीन महीने बाद जब वे बदन तोड़ते हुए तन्नायेंगे तो भौंक भी सकते हैं। और अगर भौंकेंगे नहीं तो भूँ-भूँ तो कर ही सकते हैं। इसमें मुहल्ले का एक बारह-तेरह साल का लड़का जिसके मुँह से हमेशा लार बहती रहती थी और जो सबको देख कर हँसता रहता था, जिसकी अम्मा घर-घर बासन माँजती थी और उस वक्त वह किसी गृहस्थ के आँगन में नलके के नीचे खबड़-खबड़ बर्तन धो रही थी और उसका वह लड़का सड़क पर एक पिल्ले को गोदी में चिपकाये धूप सेंकता हुआ कुत्ता-गाड़ी वाले जमादारों की भागदौड़ और परेशानी देख कर आनन्दपूर्वक दाँत चियार रहा था—वह भी अपने पिल्ले के साथ गाड़ी में उठा लिया गया। पहले उन लोगों ने पिल्ले को छीनना चाहा लेकिन वह पिल्ले को छिपा कर मुँह के बल सड़क पर पसर गया। तब किसी पहरे के सिपाही ने कहा कि लंच होने वाला है और साहब लोगों की गाड़ियाँ आती होंगी और यहाँ यह तमाशा मचा है! तब कुत्ता-गाड़ी वालों ने लड़के समेत पिल्ले को उठाया और गाड़ी में डाल लिया।

लड़के की अम्मा को पता चला तो वह चीख-चीख़ कर रोने लगी। फिर उसने गरियाना शुरू किया। जब उसकी गालियाँ आसमान फाड़ने लगीं तो सार्वजनिक नलके पर नहाता एक आदमी नंग-धड़ंग, भीगा हुआ उठा।

'चुप बुजरी!' उसने दौड़ कर उसका मुँह बन्द कर दिया, 'किसके मुँह लगती है!'

लोग तमाशा देखते रहे।

'हमार बेटवा...आरे कुकुरे के पीछे हलकान भाऽऽ...।' वह औरत फिर चिल्लाई।

उसके दूसरे दिन सी० ओ० के साथ पुलिस का एक दस्ता आया। आउट हाउस के सारे नौजवान लड़के जिनके पास कोई काम नहीं था और जो दिन भर या तो ताश खेलते या आपस में साइकिलें लड़ाते या बात-बेबात हँसी-ठट्ठा करते, वे सब घर छोड़ कर भाग गये।

आदमी लोग काम पर गये थे। सी० ओ० अपने दल के साथ आउट-हाउसों के पिछवारे की गन्दगी में भिन्नाता हुआ घुसा। घर में औरतें ही औरतें थीं जो धूप में इधर-उधर बिखर कर बैठी थीं।

'ए, इधर सुनो तुम लोग।' एक सिपाही ने औरतों के एक गोल को इशारा किया।

'का है साहब जी?' एक अधेड़ औरत उठ कर आयी।

'हमारे साहेब बुलाते हैं।' सिपाही ने थोड़ी दूर खड़े सी० ओ० को इशारा किया।

औरत सिपाही के साथ उधर बढ़ गयी। बाकी औरतों ने सिर पर आँचल खींच लिए और अपनी पीठ ढाँकने लगीं।

'इधर कोई औरत है...?' सी० ओ० ने उस अधेड़ औरत से पूछा।

'सबहिन औरतें तो हैं साहेब जी!' अधेड़ औरत ने अपने झुंड की ओर देखते हुए कहा।

'नहीं...कोई ऐसी औरत जो रोज़ रात को रोती है?' सी० ओ० ने पूछा।

'सब औरतें रतिये में तो रोती हैं साहेब जी!' अधेड़ औरत ने आँचल का खूँट दाँतों तले दबा लिया।

'नहीं...जो रोज़ रात को रोती है—बिला नागा?' सी० ओ० ने कहा।

'रोज?... बिना नागा?' अधेड़ औरत अचम्भे में पड़ गयी। उसने बैठी हुई औरतों में से एक को इशारा किया।

वह औरत घूँघट खींचती हुई आ कर खड़ी हो गयी।

'कौन है जो रतिया को बिना नागा रोती है रे?' अधेड़ औरत ने पूछा।

'गुड्डू की अम्मा होगी।' उस औरत ने कहा।

'काहे?'

'ओकी पड़िया मरि गयी।'

'पड़िया के लिए रोती है?' एक सिपाही ने सुर्ती मलते हुए उस औरत को आँख उठा कर देखा।

औरत घबरा गयी।

तब तक बैठी हुई औरतें झुंड बाँध कर वहाँ आ गयीं। उन्हें समस्या बतायी गयी।

'गुसाइन होगी।' एक औरत ने कहा।

'राम उज्जल की बुढ़िया होगी। वही बात-बेबात फेंकरती है।' एक औरत ने मुँह दूसरी ओर फेर कर कहा।

'अरे ऊ होई...मास्टराइन।' किसी ने कहा।

'मास्टराइन काहे रोयेगी?' अधेड़ औरत बोली।

'मास्टर एक ठो दूसरी औरत कइ लिहे बा...उधर कतों चाटी लाइन में।' उस औरत ने कहा।

'देखे हसि?' किसी औरत ने पूछा।

'मों काहें देखब?'

'अइसने कउआ उड़ावत हो?' उस औरत नें हँसकर कहा।

'तेहूँ तो परसउँआँ डेंकरति रही।' अधेड़ औरत ने उस औरत को घूरा।

'चुप मुँहझँउसी...,' उस औरत ने आवाज़ दबाते हुए कहा, 'साँझि होये दे, बताउब तोका।'

'अब देखें साहेब जी, एकी इहे आदत बड़ी खराबि अहै।' अधेड़ औरत ने सी० ओ० से शिकायत की।

'चलो यहाँ से।' सी० ओ० ने सिपाहियों से कहा।

बहुत खोजबीन हुई लेकिन वह औरत नहीं मिली जो बिला नागा हर रात रोती है।

'न्यायमूर्ति जी के चपरासी ने यह तो बताया ही नहीं कि रोने वाली औरत हर रात एक ही तरह की आवाज़ में रोती है या अलग-अलग।' सी० ओ० ने दारोग़ा और सिपाहियों से मशविरा किया।

'एक ही आवाज़ में रोयेगी तो डाइन होगी साहेब!' एक सिपाही ने कहा।

'तो डाइन हम लोग कइसे पकरेंगे?' एक दूसरे सिपाही ने कहा।

'बहरहाल...पूछो तो।' सी० ओ० ने कहा।

'लेकिन चपरासी किससे पूछेगा?' दीवान ने कहा।

'मेम साहब से।' सी० ओ० बोला।

'जी साहब! जय हिन्द साहब!' दीवान ने सैल्यूट ठोंका।

तो चपरासी ने मेम साहब से पूछा।

मेम साहब ने कराहते हुए कहा, 'मुझसे मत पूछो बाबा! मेरे आधे सिर में दर्द है। उल्टी की फ़ीलिंग हो रही है। और नीना मेम साहब को फ़ोन कर दो कि आज तीन पत्ती पर नहीं आ सकूँगी। पर्दे खींच दो, अँधेरा कर दो और मुझे लिहाफ़ उढ़ा दो। और एक साफ़ उगालदान रख दो। और सावन को ले जाओ यहाँ से। या तो बिस्तरे पर चढ़ आयेगा, नहीं तो इतने ज़ोर से भौंकता है कि मेरा तो माथा फट जायेगा। उसे पीछे ले जा कर बाँधो और खिला देना। और भागो...अँधेरा करो जल्दी। ये कैसे पुलिस वाले हैं कि ढूँढ़ नहीं पाये! ...बाबा, ये औरत तो मेरी जान ले कर छोड़ेगी...।' मेम साहब बिस्तर में ढह गयीं।

जब मेम साहब की बात सी० ओ० साहब को बतायी गयी तो सी० ओ० ने कुछ सोचते हुए कहा कि ऐसा करते हैं कि इस इलाके में रात को पहरा बैठा देते है। जिस घर में औरत रोयेगी उसके आदमी को धर लेंगे और कहेंगे कि या तो तुम अपनी औरत को चुपाओ या मकान छोड़ कर फ़ौरन दफ़ा हो जाओ। ...तो यही किया गया। रात को सिपाहियों का एक दल काँपता-ठिठुरता, पिछवारे की नालियों में धँसता, गरियाता, आउट-हाउसों के इर्द-गिर्द मँडराता रहा। एक बार एक सिपाही ने कान रोप कर सुनना शुरू किया। फिर दीवान ने भी कान रोपे। वह कराहती हुई सीटी जैसी पतली आवाज़ थी जो खींच-खींच कर निकलती थी। एक सिपाही ने कहा कि साहब, इसी घर में है। लेकिन ज्योंहिं वे लोग उठे और सूखे पत्तों पर चुरमुर किया, वह छोटी पूँछ-उठौनी चिड़िया झाड़ियों में से निकल कर फुर्र हो गयी। एक सिपाही ने कहा, 'भैः भुचेङ है साली!' तो गश्ती दल ने नतीजा ये निकाला कि कोई औरत नहीं रोई।

'नहीं रोई साहब?' अगले दिन गश्ती दल ने सी० ओ० को रिपोर्ट दी।

'नहीं रोई?' सी० ओ० चौंक गया।

'नहीं हुजूर।?' दीवान ने कहा।

सी० ओ० ने अपनी जीप उठायी और ख़ुश-ख़ुश माननीय न्यायमूर्ति जी के बँगले पर पहुँचा। उसने पहरे के सिपाही से कहा। सिपाही ने चपरासी से।

चपरासी फाटक पर आ गया। सी० ओ० ने कहा कि आज तो मेम साहब खूब आराम से सोई होंगी क्योंकि औरत आज नहीं रोई। चपरासी अन्दर गया। मेम साहब को रात में उल्टी हुई थी। उनकी ओक् से सारा घर परेशान था। महरिन कहती थी कि पित्त चढ़ गया है तो पहरे वाले सिपाही ने उससे कहा कि कफ़, पित्त और बात—यही तीन रोग होते हैं और यही आदमी को मारते हैं। 'तोहें त बात रोग धरे बा...खिरकिटी अस डोलत चलत हो'—सिपाही ने महरी को निकलते हुए देख कर अपनी जान मज़ाक किया। ...तो चपरासी अपने चपरास पर पेट के पास अपने दोनों हाथ बाँधे चुपचाप पर्दे के पीछे खड़ा था। कमरे में अँधेरा था और पर्दा खिंचा हुआ था। चपरासी ने हल्के से पर्दा उठा कर झाँका तो रोशनी की फाँक अन्दर गयी।

'क्या है रामजस?' मेम साहब ने चुँधिआई आँखों से दरवाज़े की ओर देखा।

'आज तो नहीं रोई मेम साहब?' चपरासी ने कहा।

'कौन कह रहा है?' मेम साहब ने पूछा।

'दारोगा जी।'

'बुलाओ उसको।' मेम साहब उठ कर बैठ गयीं।

सी० ओ० आ कर दरवाज़े पर खड़ा हो गया।

'तुम कह रहे हो?' मेम साहब ने पूछा।

'जी मैम!' सी० ओ० ने भी वैसे ही आँखें नीची किये हुए कहा।

'अरे, रोई बाबा, रोई।' मेम साहब बोलीं।

'रोई?'

'नहीं तो क्या मैं झूठ बोल रही हूँ?'

'नहीं मैम!' सी० ओ० ने कहा।

'तो?'

'मुँह दबा के रोई होगी मैम!' सी० ओ० बोला।

'तो उसका मुँह खुलवाओ बाबा! ...जाओ।' मेम साहब बोलीं।

'सॉरी मैम!' सी० ओ० चलता बना।

लेकिन इसकी नौबत नहीं आयी। दूसरे दिन वहाँ दो ट्रक पुलिस और दो बुलडोज़र और कई अधिकारी अपने अमले-फैले के साथ उपस्थित थे। पीछे-पीछे दो खाली ट्रक भी थे। थोड़ी देर बाद वहाँ सड़क पर अबाड़-कबाड़, बर्तन-भाँड़े, बहुत सारे चीकट बिस्तर और लिहाफ़ और भकुआए हुए लोग और सिर पर

पल्ला डाले औरतें और आँखें फाड़े बच्चे—सब सड़क पर थे। कई सारे छोटे-बड़े टी० वी० सेट और ठनठनाते हुए एन्टिना और एक आदमी के हाथ में सुतली के लूँड़े और एक बच्चे के हाथ में धुलिआई हुई गेंद। लादो-लादो। चढ़ाओ। ठाँय-ठन्न। अब वही लोग अपना सामान ट्रकों पर चढ़ा रहे थे। एक बिआई हुई कुकुरिया जो दो दिन पहले खाना ढूँढ़ने गयी थी और जो कुत्ता-गाड़ी से बच गयी थी, वह अपना ढीला-ढाला लटका पेट झुलाती इधर-उधर भाग रही थी। मास्टर साहब ने पूछा कि 'कहाँ जाना होगा साहब' तो एक सिपाही ने ऊपर आसमान की ओर उँगली उठा कर इशारा किया कि 'वहाँ।'

'वहाँ तो सभी को जाना है साहब?' मास्टर साहब ने कहा।

'तो तुम जरा पहले पहुँचो और बन्दोबस्त देखो।' सिपाही एक टिन का बक्सा पकड़ा रहा था।

तभी एक और ट्रक हिलता-काँपता आया। राम उज्जल के दरवाज़े पर खड़ा करके उसका पीछे का अड़ाल खोल कर गिराया गया और एक मोटे पटरे की ढलवाँ सीढ़ी लगायी गयी। सिपाहियों ने लपक कर राम उज्जल की दो हड्डुही गायें और एक ठाँठ भैंस खोल ली। एक आदमी पगहा पकड़ कर सीढ़ी पर चढ़ा और एक सिपाही ने जानवरों के पिछले पैरों पर डंडे से ठाँय-ठाँय पीटना शुरू किया। गायें-भैंसें दनदनाते हुए ट्रक पर चढ़ गये।

'तनी सँभारि के साहेब, भँइसिया बेराम अहै।' राम उज्जल ने कहा।

'तो काहे को बाँधे हो, साहब लोगों के रास्ते में पोंकाने के लिए?' एक सिपाही बोला।

'अबकी दाईं पड़ियान नाहीं साहेब, का करी, हमार धन-दउलति आय।' राम उज्जल अपनी उज्जर मूँछें फरफराता हुआ कूद कर ट्रक पर चढ़ गया।

कुछ मर्द और मूसारोंई लड़के कूद कर ट्रकों पर चढ़े। पहले जान लें कि कहाँ ले जायेंगे, तब औरतों-बच्चों को ले जायेंगे। ट्रक भड़भड़ाते हुए रवाना हो गये।

मकान-मालिक लोग प्रसन्न कि यहाँ क्राइम फैलता था, जुए का अड्डा बना हुआ था, पन्नी बिकती थी और शोहदे रात को बाँसुरी बजाते थे और किराया नहीं मिलता था। राम उज्जल ने अपने मकान-मालिक को एक बार गुस्से में आ कर भादों के बजबजाते घूरे पर ढकेल दिया था। जब वे भीतर धँसते ही जा रहे थे तो राम उज्जल ने उनका हाथ पकड़ कर घूरे से बाहर निकाला था। मकान-मालिक ने कोई रपट नहीं लिखाई कि इतने बड़े मकान में उसके दो-ठो बाल-बच्चे हैं और कल को चपरी का यह गड़रिया मर्डर भी कर सकता है। तो अब वे खुश थे और

उन्होंने मीरचन्दानी भट्ठे वाले को फ़ोन किया कि चार-पाँच ट्रक ईटें चाहिए, बँगले को पच्छिम से घेरना है।

शाम को जब माननीय न्यायमूर्ति लोग टहलने निकले तो उधर जर्जर टूटे आउट-हाउसों का मलबा था।

और चारों ओर निचाट सन्नाटा।

'आपने अपनी वाइफ़ से पूछा?' पहले न्यायमूर्ति जी ने दूसरे की ओर देखा।

'जी हाँ।' दूसरे न्यायमूर्ति जी ने कहा।

'कल रात तो नहीं रोई?' पहले न्यायमूर्ति जी ने पूछा।

दूसरे न्यायमूर्ति जी ने पश्चिमी शैली में कन्धे उचका दिये।

◆◆

आख़िरी छलाँग

वह आदमी आसमान में खड़ा था जिसे नीचे से ताकते हुए लोग उन्नीसवीं मंज़िल कह रहे थे। उसके हाथ में फाव्ड़े जैसी कोई चीज़ थी जिसे वह दोनों हाथों में थामे हुए कुछ इस तरह की हरकत कर रहा था जैसे कुछ बटोर रहा हो। बीच-बीच में वह उसे उठा कर तानता जैसे किसी पर हमला करने जा रहा हो। तब लोग नीचे से भाग कर दूर खड़े हो जाते।

'फावड़ा लेकर क्यों चढ़ा?' भीड़ में से किसी ने पूछा।

'पुलिस को बुलाओ।' कोई चिल्लाया।

'लिफ़्ट से ऊपर जाओ और पकड़ लो।'

'और अगर कूद गया तो?'

लोगों ने उसे घूर कर देखा।

'कूदेगा क्यों?' किसी ने कहा।

'फिर वहाँ मुँडेर पर क्यों खड़ा है?' कोई बोला।

'कुछ गड़बड़ ज़रूर है।'

'कोई पागल होगा।'

यह बात क़ाबिले-यकीन थी क्योंकि वह कूद नहीं रहा था।

'कोई हत्यारा भी हो सकता है।' किसी ने कहा।

'हत्यारा?' कई लोग चौंके।

'लेकिन वहाँ फावड़ा लेकर क्यों गया।?' कहने वाले ने कहा।

'फावड़ा नहीं है।' एक आदमी ने अत्यन्त शान्त भाव से कहा।

'फिर क्या है?' एक दूसरा आदमी चिढ़ कर बोला।

'फरुही है लकड़ी की।' उस आदमी ने उसी तरहे बिना किसी उद्विग्नता के कहा।

'फरुही?' लोगों ने प्रश्न किया।

'वही जिससे गोबर टारते हैं।' उसने कहा।

'आप कैसे जानते हैं?' मैंने उससे पूछा।

'आइए चाय पीते हैं, यह खेल चलता रहेगा।' उस आदमी ने कहा।

उत्सुकतावश मैं उसके पीछे हो लिया।

'आप उसे जानते हैं?' मैंने ढाबे में चाय पीते हुए कहा।

'आप मुझे ध्यान से देखिये।' उस आदमी ने मुस्कुराते हुए कहा।

मैंने देखा और देखता रहा।

'कुछ दिखा?' उसने पूछा।

'नहीं तो, कुछ भी नहीं।' मैंने कहा।

'तब जाने दीजिए, मैं उसके बारे में बताता हूँ।'

मुझे कुछ अजीब लगा लेकिन फिर भी मैं उसकी बातें सुनने के लिए दत्तचित्त हुआ :

'जो उसके हाथों में फरुही है,' उसने शुरू किया, 'वही लेकर वह आज से तीस साल पहले गाँव से इस महानगर में आया था। बचपन में उस फरुही से वह गाय-भैंसों का गोबर टारा करता था जिससे गोबर उनके खुरों से कुचल कर बेकार न हो जाय। बाद में वह खँचिया में उठा कर गोबर पिछवारे इकट्ठा कर देता और उसकी अम्मा उससे गोंइँठा-चिपरी पाथती रहती। इस तरह बचपन से ही उसने गोबर टारने और इकट्ठा करने की कला में महारत हासिल कर ली। वही फरुही ले कर वह गाँव से शहर में पधारा और गुरु की खोज में जुट गया। यही उसका ब्रह्मास्त्र था। लेकिन गुरु कौन होगा? गुरु ऐसे हों जो अपना गोबर टरवाते हों। मैंने पूछा 'क्यों', तो उसने कहा कि 'यही मेरा संस्कार है। यही मेरी कला।' तब मैं चुप हो गया और वह पूवर्वत गुरु की खोज में लग गया। और गुरु उसको मिले।'

'मिले?' मैंने उस आदमी से पूछा।

'हाँ...बिल्कुल।'

मैं फिर दत्तचित्त हुआ।

'और विचित्र गुरु मिले?' उसने कहा।

मैं सोचने लगा कि गुरु में कौन सी विचित्रता होगी लेकिन चुप ही रहा।

'उसके गुरु एक जोगी और बाघिन के संजोग से पैदा हुए थे।'

'जोगी और बाघिन?' मैं सीधा हो कर बैठ गया।

'हाँ, एक जंगली बाबा थे। बहुत बड़े जोगी। उनके लिए बाघिन, सियारिन, लोमड़ी, खेंखर...जो भी मिल जाय।' उसने कहा।

'गजब रे गजब!' मैंने गुस्से में अपनी गर्दन ऐंठी।

'उससे हुआ यह कि गुरु का धड़ आदमी का और सिर बाघ का मिला। गुरु का यह भेस शिष्य के लिए दुर्भाग्यपूर्ण था, क्योंकि अब उसे पशु का नहीं, आदमी का गोबर टारना पड़ता। कला, जो उसके पास थी, उसके लिए यह अधम काम था। लेकिन जब गुरु बनाया तो करना तो पड़ेगा ही। उसने बर्दाश्त कर लिया और निपुणतापूर्वक काम में लग गया। वह अक्सर नाक पर कपड़ा बाँधे रहता। एक दिन गुरु ने देखा तो उसे ज्ञान दिया।'

'मैं आधा मनुष्य और आधा पशु नहीं हूँ।' गुरु ने कहा।

वह चकित हो कर गुरु को देखने लगा।

'मैं सम्पूर्ण रूप से पशु हूँ।' गुरु ने कहा।

'कैसे गुरुदेव?' शिष्य बोला।

'पश्यति इति पशुः ...जो देखता है वह पशु है। और सभी देखते हैं इसलिए सभी पशु हैं। और तुम भी सिर्फ़ देखो। खोजो मत, क्योंकि खोजने में आदमी भटक जाता है।' गुरु ने कहा।

शिष्य गद्गद हो गया। गद्गद् होकर उसने पूछा कि 'हे गुरुदेव, आपके गोबर से गोंइठा पाथा जा सकता है कि नहीं?'

'पाथ लो, तुम और करोगे भी क्या!' गुरु ने अनमने ढंग से जवाब दिया।

'हे गुरुदेव, जैसे आपने पशु शब्द की व्याख्या की उसी तरह गोंइठा शब्द की भी व्याख्या करके बताएँ। मैं बचपन से परेशान हूँ।' शिष्य ने कहा।

'गो+विष्ठा—गोंइट्ठा—गोंइठा।' गुरु ने शिष्य का संदेह दूर किया।

'धन्य हुआ, धन्य हुआ!' शिष्य ने कहा।

'ज्ञान वही दो जो रुचे'—गुरु ने कहा, 'लेकिन तुम्हें बताता हूँ। इसी तरह मेरा गोबर टारते रहोगे तो तुम दिन-दिन ऊपर चढ़ते जाओगे, लेकिन उसमें एक सत्य छिपा है।'

'कृपा करके कथन करें गुरुदेव!' शिष्य ने प्रार्थना में हाथ जोड़े।

'तुम एक न एक दिन मेरा गोबर टारते-टारते ऊब जाओगे। तब तुम अचानक मुझे लात मार कर चल दोगे। दूसरा गुरु करोगे। फिर उसका गोबर टारोगे। फिर उसको लात मारोगे। इसी तरह तीसरा, चौथा, पाँचवाँ। यह तब तक चलेगा जब तक तुम आसमान की ऊँचाई पर नहीं पहुँच जाते। तुम्हारे सारे गुरु अलग-अलग मंज़िलों पर मरे हुए सुअरों की तरह पड़े होंगे। सारा संसार मुँह बाये ऊपर तुम्हें

ताकता रहेगा और तुम्हारा ब्रह्मास्त्र—तुम्हारी फरुही उस वक्त तुम्हारे हाथों में होगी। लेकिन गोबर? ...वहाँ नहीं होगा। वही क्षण तुम्हारी असहायता, असफलता का चरम क्षण होगा। तुम वहाँ गोबर ढूँढ़ोगे। तुम बार-बार फरुही उठाओगे और हवा में चलाओगे लेकिन गोबर वहाँ कहीं नहीं होगा। तब जो होगा, वही होगा। क्योंकि गोबर टारना तुम्हारी नियति है। उसके बिना तुम जीवित नहीं रह सकते। तब तुम फरुही हवा में उछाल दोगे...'

'और...।' गुरु चुप हो गये।

'और?' मैंने चौंक कर उस आदमी से पूछा।

'उसने छलाँग लगा दी होगी।' उस आदमी ने उठते हुए कहा।

'अरे!' मेरे मुँह से निकला।

'चलिये, चल कर देखते हैं।' उसने चलते हुए कहा।

जब हम लोग पहुँचे तो एक घेरा बना कर पूरी भीड़ खड़ी थी। चारों ओर पुलिस थी। जैसे उस बीच की जगह में कोई तमाशा होने जा रहा हो।

और वहाँ बीच में वह था—एक लोथड़े की तरह जिसमें आदमी के अंगों की बनावट ढूँढ़ना मुश्किल था।

वारिस

यह एक योजनाबद्ध हत्या थी जो पिछले बीस वर्षों से वह प्रेम और दाम्पत्य के नाम पर कर रही थी। उसके पति एक वामपंथी विचाारक, बुद्धिजीवी, ट्रेड-यूनियन कार्यकर्ता और नौकरीपेशा आदमी थे। निहायत मुलायम, मितभाषी, लगभग कभी नहीं हँसने वाले और अपने काम और विचारों के लिए जान लड़ा देने वाले। काम से फ़ुर्सत पाते ही, और कम मिलनसार, और किताबों में डूबे हुए। ऐसे में उन्हें पता नहीं था कि उनका दाम्पत्य-जीवन कैसा बीत रहा है।

दरअसल वे जीवन भर विचारों की सेवा करते रहने के लिए कृतसंकल्प थे और इसीलिए उन्होंने अविवाहित रहने का निर्णय लिया था। लेकिन पिता के रोने-रिरियाने और वंश-परम्परा चलाने की झिकझिक के चलते उन्होंने शादी कर ली। पिता ने सोचा, उनके दुलारे बेटे के लिए एक सीधी-सादी, खाना-नाश्ता करने वाली मजबूत और बुद्धि से मोटी गृहस्थन ही ठीक रहेगी, जो बेटे के काम-काज में किसी तरह का दख़ल न दे और वंश चले और बेटे का जीवन आराम से चले। तो सचमुच ऐसा ही हुआ। उसने दख़ल सिर्फ़ दो बातों में दिया। अपने उजड्डपने में एक तो हमेशा वह यह साबित करने में लगी रही कि वही ठीक है। कुतर्क और कुव्याख्या का सुपोषण उसके पास था और हक जताने के लिए वह कमर कसे रहती। इस बीच, यानी इस सारी झाँव-झौं के बीच वंश चलाने के लिए उसने एक बेटा और बेटी पैदा कर लिए। प्रतिदिन या कहें कि रोज़ रात वह संभोग के लिए व्याकुल रहती और पति किताबों या काम के बारे में सोचते हुए करवट बदल कर खर्राटे लेने लगते। जीवन दुस्सह था जैसा कि आमतौर पर लोगों का होता है और वे उसके बारे में नहीं सोचते या मान लेते हैं और उस बैल की तरह धीरे-धीरे हराई में पागुर करते हुए चलते रहते हैं जिसके काँधे पर जुए की रगड़ से गिलट निकल आयी हो। तो इसी तरह घर और बाहर के द्वन्द्व में पति हताश, कुछ-कुछ ग़ुस्सैल ओर चिड़चिड़े हो गये। वे अक्सर टिफ़िन खोलते हुए दोपहर में सोचते कि दाम्पत्य-प्रेम क्या होता है और चुँधियाई आँखों से दोपहर को देखने लगते। उनका खान-पान नियमित होने की जगह और गड़बड़ा गया। वे अनायास गुस्सा रहने लगे और ऊलजलूल खाना-पीना या बिन खाये रहना उनकी दिनचर्या बन गयी। पत्नी बच्चों को खिला-पिला कर मोटा करने की फ़िक्र में खुद मोटी होने लगी। उसकी दिनचर्या अत्यन्त नियमित,

तराशी हुई और चुस्त-दुरस्त थी। पति के ऑफ़िस और बच्चों के स्कूल चले जाने पर वह इधर-उधर किचेन या फ्रिज़ में से कुछ टूँगती हुई टी० वी० के आगे बैठी रहती। उसे फ़िल्मी अभिनेताओं -अभिनेत्रियों का पूरा जीवन-चरित मुँहज़बानी याद था। किसका आजकल कहाँ रोमांस चल रहा है, किसका कहाँ टूटा और कहाँ जुड़ा, कौन आजकल किससे लस रही है, किसकी कमर पर चर्बी के थक्के हैं और किसने अपने फ़िगर को साधा है और किसके लिए साधा है—यह सब रटा-रटाया हाज़िर था। इसी तरह के विचित्र ज्ञानार्जन की प्रक्रिया में वह बेड-रूम में जाती और बिस्तर में लुढ़क जाती। तीन बजे तक गहरी नींद लेने के बाद वह उठती, शृंगार करती और भदभद करती नीचे उतरती। बस के इन्तजार में खड़ी दूसरी महिलाओं से वह खूब कचर-कचर करती और बच्चों को बस से उतरते देख वह खिल जाती। फिर वह बच्चों के साथ भरपूर भोजन करती और फिर एक नींद लेती। यानी कि बच्चे सब कुछ और पति कुछ भी नहीं—सिर्फ़ गृहस्थी में जुता हुआ गुलाम। लेकिन बाहर बुद्धिजीवी, कर्मठ, आदरणीय और अपने निर्णयों में कठोर और चुप। बस, इसी तरह हुई वह योजनाबद्ध हत्या। एक दिन जब वह अपने प्रिय मित्र को चिट्ठी लिख कर अपना दिल खोल रहे थे, ऐन उसी वक्त उनके सीने में दर्द उठा। उन्हें लगा, किसी ने उनकी छाती में कील से छेद कर दिया। उन्हें भरभरा कर पसीना आया। वे अधूरा पत्र छोड़ कर एक कुर्सी से दूसरी कुर्सी तक गये और अपने कार्यालय के एक कॉमरेड को फ़ोन मिलाया, लेकिन चोगा बीच ही में उनके हाथों से छूट गया और वे कुर्सी से नीचे लुढ़क गये।

अपने इस आत्मवध में उनका भी हाथ कम नहीं था। लेकिन इसकी चर्चा से बात बढ़ेगी। जीवन और संसार और आजकल के चलन को जानने वाले महानुभाव, जिन्हें पान चबाने और चच्चर करने की आदत है, इस कथा के बारे में सटीक सूक्तियाँ उचारेंगे। लेकिन यह कहानी-लेखक तो उतना ही जानता है जितना हुआ। उनकी पत्नी को उनकी जगह पर कार्यालय में कृपा-भाव से रख लिया गया। पारिवारिक पेंशन और फ़ंड अलग से।

कुछ वर्षों बाद सुचित होकर उसने प्रेम किया और कायदे से तृप्त हुई।

इस बीच बेटा कुछ बड़ा हुआ और पार्क की 'शाखा' में आने-जाने लगा।

एक दिन एक भाई जी घर पर पधारे और उन्होंने उसके पिता की किताबों की आल्मारी देखी। वे खिन्न और दुखी हुए। दूसरे दिन घर के नीचे एक ठेला खड़ा

था। भाई जी ने मेरे चरितनायक की पत्नी और बेटे के साथ मिल कर भड़ाभड़ सारी किताबें बाहर निकालीं और ठेले वाले से कहा कि तौलना शुरू करे। इस बीच उन्होंने कई किताबें उलट कर देखीं। उनके पहले पन्ने पर ही हमारे चरितनायक ने बड़े ख़ूबसूरत हरुफ़ों में अपने दस्तख़त किये थे और किताबों पर नम्बर डाला था। एक किताब थी—ऐतिहासिक भौतिकवाद। भाई जी ने उसे यों फेंका जैसे उनके हाथों में साँप लिपट गया हो।

कुछ दिनों बाद वे किताबें दरियागंज के फुटपाथों की शोभा बढ़ाती नज़र आयीं।

लड़का तेज़ी से जवान हुआ। उसका चेहरा घोड़े और खच्चर और सुअर की क्लोनिंग से तैयार हुआ लगता था। चरितनायक के एक मित्र और कॉमरेड का कहना था कि यह 'पार्क के विचारों' का असर है। वह लड़का यामाहा पर नगर के एक कोने से दूसरे कोने तक चक्कर काटता रहता। उसकी आँखें छोटी और बर्छी की तरह धँसती हुई लगतीं।

और जब वह हँसता तो डर लगता।

◆◆

नपनी

कार स्टार्ट होते ही पिता जी ने पुत्र को आदेश दिया कि वह ट्रांजिस्टर बन्द कर दे—'ये सब रद्द-फद्द सुनने की क्या जरूरत है? कोई समाचार है! वे लोग क्या कर रहे हैं और कौन-क्या बक रहा है, इससे हमें क्या मतलब? बेफालतू!' उन्होंने भुनभुना कर कहा।

लड़के ने उनके चढ़े हुए तेवर देखे तो ट्रांजिस्टर बन्द कर दिया। 'वैसे मैं गाना सुनने जा रहा था।' उसने सफ़ाई दी।

'गाना-फाना खाने को दे देगा?' पिता जी ने घुड़की दी। उन्होंने पीछे मुड़ कर देखा। उनकी पत्नी, बेटी और बड़े बेटे के दो बच्चे। बच्चों ने बाबा को घूरते देखा तो सिटपिटा गये।

'और वो नपनी कहाँ है?' पिता जी ने पूछा।

लड़के ने बताया कि नपनी और अधिकारी जी और चपरासी पीछे वाली कार में हैं।

'भागलपुर कितने मील है?' पिता जी ने पूछा।

उनको बताया गया कि भागलपुर कितनी दूर है।

पिता जी ने जेब से एक मैला-कुचैला पर्स निकाला, खोल कर देखा और दस-दस रूपये के नोट गिने।

'गुंडा टैक्स कितनी जगह देना पड़ेगा?' पिता जी ने ड्राइवर से पूछा।

'जहाँ-जहाँ ईंट-पत्थर, बाँस-बल्ली का अड़ार लगा होगा, वहाँ-वहाँ।' ड्राइवर ने आगे सड़क देखते हुए कहा।

'और कितना-कितना?' पिता जी ने पूछा।

'जितना बड़ा गुण्डा उतना ज्यादा टैक्स।' ड्राइवर बोला।

पता चला, कोई हिसाब नहीं है।

'लेकिन हमें तो हिसाब रखना पड़ेगा। लड़की के पिता से वसूलना होगा। हम क्यों भुगतें?' पिता जी ने कहा।

'वे तो है साहब!' ड्राइवर ने कहा।

'और बाकी सब कैसे होगा, सब याद है न?' पिता जी ने अपने बेटे से पूछा। बेटे ने विनत और आज्ञाकारी पुत्र की तरह हामी भरी।

'तुम अब एक अफ़सर हो। तुम्हारी पोजिशन है। तुम्हारा अब एक मोल है। जब तक झख् मारते रहे और उन हरामजादे परीक्षकों और मेम्बरों की दया पर रहे तब तक बात और थी। अब और है। और इस समाज से बदला लेने का यही समय है। ये नहीं कि लड़की देखते ही लट्टू हो जाओ और लार टपकाने लगो। तुम्हारी आदतें पहले भी अच्छी नहीं थीं लेकिन अब तुम एक अफ़सर हो। और मैं किसी भभके में नहीं आने का। ये सब बड़े चीटर-कॉक होते हैं। फूँक-फूँक कर कदम रखना और ही-ही-ही-ही मत करने लगना। और कोई पोलिटिकल बहस नहीं। ये पोलिटिक्स का खेल मैं खूब समझता हूँ। सब अपना घर भरे बैठे हैं और दूसरों को रामराज्य का उपदेश देते हैं। अपना-अपना गाल चमकाना दुनिया की रसम है। अभी तुम नहीं जानते। जब सीझोगे तो जानोगे। अभी तुम्हारी चमड़ी पतली है, चरपरायेगी। अभी तुमसे यही डर है कि मौके पर दुम दबा लोगे। संकोच और लिहाज तुम्हारे चेहरे पर चढ़ बैठेगा। और लड़की का बाप एक छोटा-मोटा नेता है, कम्युनिस्ट पार्टी का एम० एल० ए० है। तो दूर की हाँकेगा जरूर। सादगी दिखायेगा। अति विनम्र बनेगा। हमें बातों में फँसायेगा। ये सब चाल होगी। सारी बड़ी बातें इस दुनिया में चालबाजी के लिए होती हैं। इन्हीं बातों में फँसा कर वह लड़की पर से ध्यान हटाने की कोशिश करेगा। बना-छना के लायेगा। पोता-पाती काफी होगी। उसके भरम में नहीं फँसना होगा—समझे कि नहीं?' पिता जी ने गर्दन टेढ़ी करके अपने अफ़सर पुत्र को देखा। पुत्र ने कन्खियों से देख कर हामी भरी।

'जब हम फँसे थे तब कोई पसीजा? वो प्रेमलता का ससुर साला! कुंडली माँगी। कुंडली दी तो तीन महीने दौड़ाता रहा। थाह लेता रहा। जब उसे लगा कि जोग नहीं बैठेगा तो कहता है, 'लड़की की कुंडली में सन्तान-योग ही नहीं है।' और जब उसके मुँह पर कड़क नोट मारा मैंने, जब उसके भगन्दर में पाँच लाख ठोंसा तो सन्तान-योग हो गया? तब कहाँ से प्रेमलता चार-चार सन्तानों की जनमदात्री हो गयी? मर-मर के कमाया था मैंने। दो-दो रूपये तक पकड़ता था। सारा फ़ंड निकल गया। खुँख्ख हो गया मैं! ...तो अब मेरे को भी भगन्दर है। मैं भी बदला लूँगा। तुम समाज हो तो जैसा मेरे साथ सलूक करते हो वैसा मैं भी करूँगा। सठे साठ्यं...या जो भी कहते हों।' पिता जी ने ड्राइवर की ओर देखा।

'अभी गुण्डे लोग नहीं आये?' उन्होंने ड्राइवर से पूछा।

'आयेंगे साहब!' ड्राइवर ने कहा।

'और एक बात और...।' पिता जी ने अपने पुत्र को देखा।

पुत्र जी चुप।

'अगर बिलरंखी होगी तो रिजेक्ट।' पिता जी ने कहा।

'क्यों?' लड़के ने साहस किया।

'बिलरंखी पोस नहीं मानती।' पिता जी ने कहा।

'क्या मतलब?'

'कुछ भी मतलब नहीं।' पिता जी चिढ़े।

'अब चुप भी रहो।' पीछे से पत्नी ने कहा।

'और रंग भी गौर से देखना होगा।' पिता जी ने कहा।

'तो तुम तो हो ही।' पत्नी बोलीं।

'अरे भाई, उसमें बड़ा छल-प्रपंच होता है। सुना है कि ऐसे-ऐसे नाऊ हैं कि ऐसा पोत-पात देंगे कि आपको असली कलर का पते नहीं चलेगा।' पिता जी ने कहा।

इस पर पीछे जवानी की ओर बढ़ती हुई उनकी लड़की हँसी।

'ए बुचिया, तुम तो पहचान लोगी?' पिता जी ने पूछा।

'हाँ पिता जी।' लड़की ने कहा।

'और दुल्हन की लम्बाई कितनी है बायो-डेटा में?' पिता जी ने पूछा।

'पाँच फ़ीट छः इंच।' उनकी लड़की ने कहा।

'और नपनी कितनी है?' पिता जी ने फिर पूछा।

'पाँच फ़ीट तीन इंच।' उनकी बेटी बोली।

'तो अन्दाज रखना होगा कि जब नपनी के बराबर खड़ी हो तो दुल्हन तीन इंच ऊपर लगे।' पिता जी ने कहा।

'और एकाध खाना कम हुई तो साहब!' ड्राइवर ने मजा लिया।

'कम कैसे हो जायेगी?' पिता जी ने अचम्भा प्रकट किया।

'हाँ साहब, पहले ही देख-भाल लेना ठीक होता है।' ड्राइवर फिर शामिल हुआ।

'और कोई बक-झक नहीं। वो उत्तर प्रदेश में क्या हो रहा है, हमें क्या मतलब? हम घरबारी लोग हैं। किसी तरह जान बचा कर जिन्दा हैं।

हमें पोलिटिक्स की डिमक-डिम पर क़मर नहीं मचकानी।' पिता जी चुप हो गये।

सड़क पर पेड़ की एक लम्बी-हरी डाल आड़ा-तिरछा कर के रखी थी और चार लोग गाड़ी रोकने के लिए हाथों से इशारा कर रहे थे। पिता जी ने फट-से पर्स निकाला। उसमें से दस रुपये का एक नोट अलग मुट्ठी में। और कुछ दस-दस रूपये के और नोट दूसरी जेब में। फिर पर्स अन्दर चोरिका-जेब में। और जगह देना पड़ेगा तो बार-बार पर्स निकालना ठीक नहीं रहेगा। कहीं पर्सवे झपट लिये सारे तब? —पिता जी ने सोचा। दोनों गाड़ियाँ आगे-पीछे खड़ी हो गयीं। पिता जी फाटक खोल कर बाहर निकले।

'कहिए?' पिता जी ने दस रुपये का नोट मुट्ठी में दबाये हुए पूछा।

'टैक्स।' उनमें से एक ने कहा।

'टैक्स?' पिता जी ने अचम्भा व्यक्त किया।

'चन्दा।' उनमें से किसी और ने कहा।

'किस पार्टी का चन्दा?' पिता जी ने पूछा।

'कांग्रेस, कम्युनिस्ट, बी०जे०पी०...जो भी समझो।' किसी ने कहा।

'ओऽऽ...तो आप लोग पोलिटिक्स खेलते हैं।' पिता जी ने मुस्कुराते हुए कहा।

'गाँडू है का जी?' एक लड़का बोला।

पिता जी ने दस रुपये का नोट उसके हाथ पर रख दिया। लड़के ने घूर कर देखा। नोट को चोंगिआया, उसमें थूका और पिता जी को वापस पकड़ाने लगा।

'ये क्या है?' पिता जी सहमे।

'तुम्हारा माल अपने माल के साथ तर करके वापस। ...साले घूसखोर, कितना हजम किया है?' लड़के ने थूक सहित नोट पिता जी के चेहरे को लक्ष्य करके फेंका।

पिता जी तिरछे हो कर बचे।

'कहाँ घर है?' एक दूसरे लड़के ने पूछा।

'डुमराँव।' पिता जी ने झटपट जवाब दिया।

'राजा का बुढ़वा झरेला है साला!' दो लड़के आपस में हँसे।

'आज का दिन ही असगुनी है।' पिता जी बोले।

'क्या बोला?'

'आप लोगों को नहीं?' पिता जी ने झट से बात बदल दी।

'छछन्द करता है? लूटता है साले...सरकार को और जनता को? माल जमा करता है? दो-दो ठो गाड़ी लेकर चलेगा और फिलासफी झाड़ेगा?'

पिता जी हाँ-ना में मुस्किया दिये।

'ये हरी डाल देखता है? नीचे से डालकर ब्रह्मांड से निकाल देंगे।' एक लड़का बोला।

'नहीं भइया, मैं तो आप लोगों को देखकर खुश हुआ।'

'खुश हुए?'

पिता जी फिर हाँ-ना में मुस्कुराये।

'अबे, फट जायेगी, पैसे निकाल।' उस लड़के ने डपटा

'कितने साहब?' ड्राइवर ने बाहर निकल कर पूछा।

'दो गाड़ियों का सत्तर।'

ड्राइवर ने अपनी जेब से पैसे निकाल कर पकड़ा दिये।

'वो नोट उठा लो पंडित जी, और अपने त्रिपुंड पर चिपका लो।' लड़का पीछे खड़ी दूसरी गाड़ियों की ओर बढ़ गया।

इस तरह चार-पाँच जगहों पर टैक्स चुकाते पिता जी एण्ड पार्टी भागलपुर पहुँची। 'हिसाब रखना'—पिता जी ने ड्राइवर से कहा और कार से नीचे उतरे। होटल चिकना-चुपड़ा था और सड़क गुल्ज़ार थी। पता लगा, उनके होने वाले समधी साहब ने क्षमा माँगी है। वे एक जुलूस में हैं और इसीलिए अगवानी को नहीं आ सके। अभी आते ही होंगे। कमरों में सामान और बाल-बच्चों को पटकते हुए पिता जी भुनभुनाये, 'सब समझता हूँ—सब। तो करो, जो मन में आये। भुगतोगे। अब हम आ रहे थे, ये तो पता था? तब जुलूस में जाना ज्यादा जरूरी था कि हम? शुरू से ही ये खेला है तो आगे तो पूरी नौटंकी होगी। तुम देश का भाग्य पलट दोगे? कम्युनिस्टों को पुराना मुग़ालता है। चार ठो चने के बराबर हैं और पुक्का फुलाते हैं कि हम ही पूरा कन्ट्री हैं। अरे, तुम्हारी चाँद निकल आयी, मुँह सुखंडी हो गया, लीडरी करते जिन्दगी गारत हो गयी, क्रै ठो रिभोलूशन हुआ? एक ठो टेल्ही पड़ी है घर में बिन बियाहे और तुम लाल झंडे को सलामी देने गये! दस ठो साले चोर-चिकारों से बचते-बचाते, जान पर खेलकर पहुँचे हियाँ तक और लीडर लाल गायब? तो हम भी गायब हो जायेंगे। गायब हो जायेंगे हम भी...।' पिता जी ने हाथ से ग़ायब होने का इशारा किया।

'ए नपनी, इधर सुन तो।' उन्होंने ज़ोर से आवाज़ दी।

नपनी पास आ कर खड़ी हुई—एक साँवली-सी, दुबली-सी, मरी-मरी लड़की।

'तुम्हें भइआ ने फीते से ठीक से नापा था न?' पिता जी ने पूछा।

नपनी ने 'हाँ' में सिर हिलाया।

'नापते वक्त ऊँची हील तो नहीं पहनी थीं?'

'नहीं।' नपनी ने सिर नीचा किये-किये कहा।

'अभी तो पहनी हो।' पिता जी ने नपनी के पैरों की ओर देखा।

नपनी कुछ नहीं बोली।

'उपधिया जी खाना-वाना नहीं देते क्या?' पिता जी ने नपनी की कृश काया पर एक नज़र डाली।

नपनी फिर भी चुप रही।

'जरा ऊपर आँख कर तो।' पिता जी एकाएक चौकन्ने हुए।

नपनी ने आँखें ऊपर उठायीं।

'सीधे मेरी ओर देख।' पिता जी ने कहा।

नपनी ने देखा।

'ये तो बिलरंखी है ए भाई!' पिता जी उठ कर टहलने लगे।

'ओके हैरान करे से फायदा?' पिता जी की पत्नी ने अन्ततः कहा।

'हैरान?' पिता जी ने तरेर कर देखा।

'अउर का। तबसे नपनी-नपनी। जाओ बेटी!' पिता जी की पत्नी ने नपनी से कहा।

नपनी तेज़ी से दूसरे कमरे में भाग गयी और पिता जी की बेटी के कन्धों से लग कर रोने लगी।

'इसी से कहता हूँ, इसी से,' पिता जी चिड़चिड़ाये, 'औरतों के कपार में बुद्धी नहीं होती। ब्रह्मा ने दिया ही नहीं। आचमनी भर होती है, बस। एक तो बिलरंखी, ऊपर से रोयेगी। इसीलिए लुटते आये रास्ते भर।' पिता जी सोफ़े में धँस गये।

'एक तो उपधिया जी ने लड़की को भेजा, दूसरे रस्ते भर 'ए नपनी, ए नपनी', जिसको देखो वही।' पत्नी उठ कर वाश बेसिन की ओर चली गयीं।

थोड़ी देर में दीक्षित जी अपने 'अमले-फैले' के साथ पधारे। यह शब्द बाल्कनी से झाँकते हुए पिता जी का था। दीक्षित जी ने साथियों को नीचे से विदा

किया और लिफ़्ट से ऊपर आये। उन्होंने पिता जी को हाथ जोड़े। पिता जी ने जवाब में हल्का -सा सिर हिलाया।

'माफ़ी चाहता हूँ पंडित जी, दरअसल एक जुलूस में था।' दीक्षित जी ने कहा।

'आज ही जरूरी था?' पिता जी ने कहा।

'आज का मसला था तो आज ही प्रोटेस्ट होना चाहिए न।' दीक्षित जी बोले।

'प्रोटेस्ट...हँह्।' पिता जी ने मूड़ी झटकी।

'ठीक से पहुँच गये थे न?' दीक्षित जी ने पूछा।

'ठीक से? अरे ये कहिये, जान बच गयी।'

'ओह्...तो वह तो ड्राइवरों को मालूम था।' दीक्षित जी बोले।

'यानी आप जानते हैं? और नेता हैं?' पिता जी की भौंहें तन गयीं।

'गरीबी...बेरोज़गारी...और अनिश्चित भविष्य साथी...बहुत सारे कारण हैं।' दीक्षित जी ने क्षमा-प्रार्थना के भाव से कहा।

'साथी कौन?' पिता जी बोले।

'वह आदतन। मुझे 'पंडित जी' कहना चाहिए था। अब क्या करूँ, पनरह साल की उमर से पार्टी में हूँ। संस्कार बन गया है।' दीक्षित जी बोले।

'क्या होगा ऐसी पार्टी में रह कर?' पिता जी कहा।

'क्या होगा, माने?' दीक्षित जी चौंके।

'क्या होगा माने क्या होगा।' पिता जी हँसे।

'दरअसल, हमारे विचार मेल नहीं खाते।' दीक्षित जी बोले।

विचारों के नाम पर कुछ लोग जिन्दगी भर गुमराह रहते हैं दीक्षित जी!' पिता जी ने ब्रह्म-वाक्य फेंका।

'और विचारों के बिना भी।' दीक्षित जी बोले।

'दोनों ही चोर हैं।' पिता जी ने कहा।

दीक्षित जी हँसे, क्योंकि वे केवल हँस ही सकते थे। लेकिन पिता जी भी हँसे।

'सुना आपकी तरफ़ दूल्हों की चोरी बहुत होती है?' एकाएक पिता जी ने पूछा।

'चोरी?' दीक्षित जी कुछ समझे नहीं।

'अगर कोई लड़का अफ़सर हुआ तो उसकी जान खतरे में है। सुना है लिस्ट लिए रहते हैं। टोह में रहते हैं। और ये रणवीर सेना वाले उनकी मदद भी करते

हैं। जैसी पोस्ट वैसा मेहनताना। कलक्टर हो तो पाँच लाख—सुनते हैं। यह तो उठाने का। और माँ-बाप एतराज़ करें तो मार दो। और यह भी तो हो सकता है कि किसी लूली-लँगड़ी से ब्याह दें। ब्याह दें तो हो चुकी सुहागरात...।' पिता जी इस बखान के बाद चुप हो गये।

'आप बहुत सीधे हैं पंडित जी!' दीक्षित जी ने हँसते हुए कहा।

'वह तो मैं हूँ ही। मैंने इसलिए बात उठायी कि हम लोग निशाने पर तो नहीं हैं?' पिता जी ने कहा।

'अगर आप को इस तरह का ऊलजलूल संदेह था तो मुझे बुला लेते।' दीक्षित जी थोड़ा व्यथित हुए।

'मेरा बेटा भी अफ़सर है।' पिता जी ने लड़के की तरफ़ देखते हुए कहा।

'हमारे तो पाहुन हैं पंडित जी!' दीक्षित जी ने लड़के पर एक नज़र डाली।

'अरे ई लंका में टाँग दिये हैं न, इसी से शक हुआ। उतर के भागेंगे भी कहाँ!' पिता जी ने कहा।

दीक्षित जी कहना चाहते थे 'ओफ़' लेकिन बोले, 'अच्छा चलता हूँ। और लड़की और पत्नी को भेज देता हूँ। वैसे तो घर पर ही ठीक रहता, लेकिन जब आप होटल में ही चाहते थे तो...। मेरी एक मीटिंग है। आगे आपकी दया पर है।' दीक्षित जी ने हाथ जोड़े।

'आपकी कोई जरूरत भी नहीं। आप रहेंगे तो बेटी शर्मायेगी।' पिता जी ने कहा।

दीक्षित जी ने विदा ली।

करीब घंटे भर बाद दीक्षित जी की पत्नी अपनी बेटी और उसकी सहेली के साथ आयीं। पिता जी की पत्नी ने डरते-डरते, शक की नज़र डालते हुए उनका स्वागत किया। दुल्हन ने प्रणाम किया तो पिता जी ने छिः छिः भाव से जैसे कहा, 'ठीक है, ठीक है।' लड़की एक कुर्सी पर स्थापित कर दी गयी। उसकी सहेली उसके पीछे कुर्सी पकड़ कर खड़ी हो गयी। दोनों महिलाएँ एक सोफ़े पर। अफ़सर वर और उसकी बहन और दोनों छोटे बच्चे एक लम्बे सोफ़े पर दुल्हन के आमने-सामने। दोनों बच्चे दुल्हन को टुकुर-टुकुर। पिता जी का ध्यान सबसे पहले दुल्हन के पैरों यानी उसके सैंडिल पर गया। उनका सिर षड्यन्त्र को सूँघता हुआ हिला और उन्होंने बारी-बारी से अपने पुत्र और पत्नी को देखा और इशारा किया।

'इस बार कितने में तय हुआ?' अधिकारी जी पिता जी के कानों में फुसफुसाये।

'छः लाख, एक गाड़ी और ब्याह का सारा खर्चा-बर्चा।' पिता जी भी उसी तरह अधिकारी जी के कानों में फुसफुसाये।

'कॉमरेड है, देगा कहाँ से?' अधिकारी जी।

'कॉमरेड है तो भक्खर में जाय।' पिता जी।

'तय करने के पहिले सोचते।' अधिकारी जी।

'यह काम उसका था।...और जो ट्रेड-यूनियन का चन्दा वसूलता है वह?' पिता जी।

'कम्युनिस्ट लोग ऐसे नहीं हैं।' अधिकारी जी।

'तुम साले गधे हो।' पिता जी।

'खच्चर से ही तो गधे की दोस्ती होगी।' अधिकारी जी।

पिता जी ने ख़ुश हो कर अधिकारी जी का हाथ पकड़ लिया। मुँह फाड़ कर हँसने का अवसर नहीं था। बेटा दुल्हन का 'साक्षात्कार' ले रहा था और वह लजा रही थी। जब भी वह शरमा कर चुप होती और सिर नीचा कर लेती तो अफ़सर जी थोड़ा चटख़ारे के साथ मेहराकर बोलते, 'अरे, जरा सीधे ताकिये न!' इस पर लड़की और शरमा जाती। तब पीछे खड़ी उसकी सहेली उसके कन्धों को छू कर बार-बार दिलासा देती। ...लेकिन पिता जी अधिकारी जी के साथ बैठे हुए एक आँख और एक कान से यह भी ताड़ रहे थे कि उनका बेटा कहीं लस तो नहीं रहा है।

'नपनी कहाँ है?' पिता जी ने एकाएक पूछते हुए अपनी पत्नी की ओर देखा, 'उसका नाम क्या है?' पिता जी को अब ध्यान आया कि उसका कोई और नाम भी होगा।

'पारमिता।' पिता जी की पत्नी ने कहा।

'उपधिया ससुर,' पिता जी ने ठसका लगाया, 'घर में भूँजी भाँग नहीं और नाम रखे हैं पारमिता! है कहाँ?' पिता जी ने पत्नी को देखा।

'उस कमरे में।'

'पारमिता बिटिया, इधर तो आओ।' पिता जी ने ज़ोर से आवाज़ दी।

पारमिता सिर नीचा किये कमरे में आयी, जैसे उसी को दिखाया जा रहा हो। दुल्हन की माँ पिता जी को लगभग घूर रही थीं, जिस तरह 'नपनी' का नाम जानने के बाद उन्होंने उसके बाप के लिए अपमानजनक शब्दों का व्यवहार किया था। पिता जी ने अपनी होने वाली समधिन की टेढ़ी आँख भाँप ली।

'अइसे जानिये,' पिता जी सम्रधिन की ओर मुख़ातिब हुए, 'कि नपनी बोलने की हमें कइसे आदत पड़ी। इसके पिता जी एक सेर उसिना चाउर का भात सुबहे -

सुबह खाते हैं। तो जब ये लड़की छोटी थी तभी से घइली में से अँजुरी-अँजुरी चाउर निकालती थी। इसकी अम्मा को इसकी अँजुरी से ही अन्दाज हो गया था। आठ अँजुरी। तो उपधिया जी कहते थे, ये मेरी नपनी है, मेरे भोजन का चाउर नापती है। और कोई नापता है तो घट-बढ़ जाता है। ...तो हमको भी इसीलिए नपनी-नपनी बुलाने की आदत पड़ गयी।' पिता जी ने अपने उजले दाँत दिखा दिये।

नपनी ने क्रोध से आगबबूला होते हुए पिता जी को देखा।

उनकी पत्नी भी कथने की इस शैली और पिता जी की कल्पना शक्ति यानी झूठ बोलने की अनायास क्षमता पर हैरान रह गयीं। अधिकारी जी को लगा कि उनका दोस्त तो किसी को भी पदा सकता है।

'बन्द करो बेटे, आवाज़ सुन तो ली। और क्या इन्टरव्यू लेना है! और हटो वहाँ से।' पिता जी ने कहा।

अफ़सर बेटा उठा और दूसरी ओर जाकर एक सोफ़े पर बैठ गया।

'बेटी, अपनी सैंडिल उतार दो तो।' पिता जी ने दुल्हन से कहा।

लड़की ने कुछ यों देखा, जैसे समझी न हो।

'सैंडिल।' अफ़सर बेटे या पति होने को आतुर नौजवान ने लड़की से उतारने का इशारा किया।

लड़की का साँवला चेहरा तांबई हो गया। वह लगभग काँपती हुई सैंडिल उतारने लगी।

'और तुम कुर्सी के पीछे से हटो तो।' पिता जी ने दुल्हन की सहेली को सख़्त लहजे में इशारा किया।

'क्यों?' अधिकारी जी ने पिता जी के कानों में फुसफुस किया।

'देख नहीं रहे हो—बैकग्राउण्ड में एक करिया भुचेंङ को खड़ा कर दिया है जिससे नेता जी की लड़की कुछ कम काली लगे। खड़यन्त्र समझता हूँ मैं।' पिता जी ने फुसफुस किया।

दुल्हन की सहेली पीछे से हट कर दीक्षित जी की पत्नी के बगल में बैठ गयी।

'खड़ी हो जा बिटिया!' पिता जी ने दुल्हन से कहा।

लड़की खड़ी हो गयी।

'नपनी, बगल में जाओ तो।' पिता जी बोले।

नपनी जा कर दुल्हन के बगल में खड़ी हो गयी।

'बराबर से।' पिता जी किसी बढ़ई की तरह बोले जो सूत से सूत मिला रहा हो।

सबने देखा। पिता जी ने अपनी पत्नी, पुत्र और अधिकारी जी को।

अधिकारी जी भी मापने वाली नज़रों से देखते रहे।

'झुट्ठा!' पिता जी ने अधिकरी जी के कान में कहा, 'नपनी के बराबर है।'

'पारमिता बेटी, वाश-बेसिन पर बिटिया को ले जाओ और मुँह धो दो।' पिता जी ने कहा।

'अब क्या करोगे?' अधिकारी जी पिता जी के कान से लगे।

'धोखा।' पिता जी बोले।

'अरे, धोखा तो है लेकिन मना कैसे करोगे?'

'कर देंगे।' पिता जी फुसफुसाये।

'कैसे?'

'कई बार जैसे करे हैं।'

अधिकारी जी थोड़ा चिढ़ से अपने दोस्त को देखने लगे।

'कह देंगे, आपकी बेटी की कुंडली में संतान-योग ही नहीं है।' पिता जी फुसफुसाये।

अधिकारी जी ने पिता जी को भयग्रस्त नज़रों से देखा।

पिता जी ने अधिकारी जी के कन्धों पर एक धौल जमाया।

पारमिता (यानी नपनी) ने दुल्हन का हाथ पकड़ा और उसे बाथरूम की ओर वाश बेसिन पर ले गयी।

'मैं धो लूँगी।' लड़की ने मुँह पर छींटे मारते हुए कहा।

वह अपना आँसू और अपना गुस्सा साथ-साथ धो रही थी। तौलिये से मुँह पोंछने पर भी उसके आँसू थम नहीं रहे थे। आँखें एकदम सुर्ख़ थीं। उसने पारमिता की ओर देखा जो पास ही खड़ी थी।

'तुम अब पहले से ज़्यादा सुन्दर दिख रही हो।' पारमिता ने कहा।

लड़की आँसुओं में मुस्कुरायी। फिर सकपका गयी। उसने देखा, पारमिता भी रो रही थी।

'तुम क्यों रो रही हो?' दुल्हन ने कहा।

'तुम इस आदमी के मुँह पर एक तमाचा जड़ नहीं सकतीं?' पारमिता ने कहा।

'सच्च!' दुल्हन पास आ गयी।

पारमिता ने सिर हिलाया, जैसे वही दुल्हन हो।

लड़की फिर शीशे के सामने चली गयी। उसने अपने जूड़े से पिन निकाले और बाल बिखरा दिये। दुपट्टे को लापरवाही से कन्धे पर इधर-उधर फेंका और बाथरूम से बाहर आयी।

सभी लोग उसे हैरान-परेशान देखते रहे। पारमिता एक कोने में दुबक गयी। लड़की की माँ उठ कर खड़ी हो गयीं।

'यू आर एँन ईडियट।' लड़की ने पिता जी के गाल पर एक ज़ोर का तमाचा जड़ा और धड़धड़ाती हुई सीढ़ियाँ उतर गयी।

'बिलरंखी थी।' पिता जी ने लौटते हुए कार में अधिकारी जी से कहा।

'शायद।' अधिकारी जी हँसे।

◆◆

वह लौटता नहीं

[१]

कौन वहाँ जाता है
हवा की अशान्त पगडण्डियों से होता हुआ
नरक की शान्ति में
संभ्रमित?
वह समय है
वह घेरेबन्दी है
वह सर्वनाश है
वह प्रेम है।

कौन वहाँ जाता है
युवावस्था के टूटे डैनों पर सवार?

[२]

वर्तमान

बाल्कनी में खड़े हो तो वे दिखाई देते हैं। सामने वाले सात मंज़िले मकान से लगा हुआ वह जो उसी के बराबर पहुँचता हुआ छतनार पीपल है—उसी की फुनगी पर। दस-बारह की संख्या में होते हैं वे। दम साधे, शान्त और निर्विकार। कभी-कभी डैने फैला कर डाल पर आगे-पीछे सरकते हैं तभी उनके जीवित होने का पता चलता है। अगर नहीं, तो ऐसा लगता है—हरे-चमकते पत्तों से लदी डाल पर गोबर छोप दिया हो किसी ने। अक्सर वे अलग-अलग दिशाओं की ओर मुँह किये बैठे रहते हैं—कुछ पँचकुइयाँ रोड के लगातार घड़घड़ाते ट्रैफ़िक पर आँखें गड़ाये, या सुचेता कृपलानी अस्पताल की गन्ध लेते, कुछ कनाट प्लेस की ओर

घुटन-भरी धुंध को ताकते और कुछ शायद उन्हें—यानी उन दोनों को, जो बाल्कनी पर अक्सर सुबह-सुबह, खड़े-खड़े, नंग-धड़ंग चाय सुड़कते हैं, या अख़बार के पन्ने पलटते रहते हैं।

'यह अजब है यार!' वह अपने मित्र से कहता है।

'अजब क्या है?' उसका दोस्त निर्लिप्त-भाव से बोलता है।

'वे कनाट प्लेस में क्या करते हैं?' वह पूछता है।

'वे कहीं भी क्या करते हैं, तुम जानते नहीं?' उसका मित्र वैसे ही बोलता है।

'मैं उन्हें देखना नहीं चाहता।' वह उन्हें देखते हुए कहता है।

'तुम्हारे न चाहने से क्या होता है!'

'मैं यह जानना चाहता हूँ कि वे कब यहाँ नहीं होते।' वह फिर कहता है।

'मुझे तो लगता है कि वे कहीं जाते ही नहीं।' उसका दोस्त अख़बार में आँखें गड़ाये, चोरी-छुपे उस फुनगी की ओर झाँकता है।

'उन्हें वहाँ रहना चाहिए जहाँ मरे हुए डाँगर की खाल उतारी जाती है।' वह कहता है।

'मैंने एक दिन देखा, उनमें से कुछेक 'दिल्ली-दरबार' की छत पर बैठे हैं।'

'यहाँ आस-पास कोई बूचड़खाना है क्या?' उसने जिज्ञासा जाहिर की।

'शायद उन्हें दिखता हो। गिद्ध बड़े दूरदर्शी होते हैं।' उसका दोस्त हँसता हुआ उठ कर अन्दर चला जाता है।

[३]

वह दिन भर पड़ा सोता रहा। इतनी जगहों से बुलावे थे कि उसने सोचा, कहीं नहीं जायेगा। उसका अफ़सर दोस्त दफ़्तर चला गया था। फ़ोन की घंटी बजी तो उसे लगा, कहीं अतल में आवाज़ आ रही है। फिर वह धीरे-धीरे जगा तो लगा, घंटी उसकी छाती फोड़ कर अन्दर घुसने की कोशिश में है। वह हड़बड़ा कर उठ-बैठा। नहीं, वह सपने में नहीं था। फ़ोन लगातार चीख़ रहा था। वह उठा तो लगा, जैसे बुख़ार में उठ रहा है। डगमगाता हुआ फ़ोन तक गया तो एकाएक घंटी बन्द हो गयी। वह सोफ़े में गिर कर सुस्ताने लगा। तब उसे ख़याल आया कि रात हो गयी है। कमरों में अँधेरा है और बाहर पँचकुइआँ रोड और कनॉट प्लेस की बाहरी परिधि का अनवरत, अविराम चिंघाड़ता हुआ शोर है।

अँधेरा है, लेकिन कितना अशान्त और अस्त-व्यस्त। टूटा-फूटा, घायल और निरर्थक। अँधेरे के भी कितने रंग होते हैं, उसने उठ कर बत्ती जला दी और नहाने चला गया।

[४]

कपड़े बदलते हुए उसने सोचा कि वह बाहर निकलेगा। फिर उसने अनायास ही फ़ोन उठाया और पत्नी को फ़ोन करने लगा। —वह उधर थी—अपनी कमज़ोर और अकेली आवाज़ में घिरी। उसका इन्तज़ार करती। और अपनी सन्तानों के बारे में उत्सुक।

'बड़े ने फ़ोन किया?' पत्नी ने उधर से पूछा।

'नहीं।'

'जाने दो, उम्मीद मत करो। वह बड़ा आदमी है।' पत्नी ने दिलासा दिया।

'वह जो कुछ भी है, मेरी वजह से है।' उसने खँडहर अभिमान के भीतर से जवाब दिया।

'चुप रहा करो—तुमसे कितनी बार कहा। उसे बार-बार अहसास मत दिलाओ। आत्म-विश्वास टूट जायेगा। उसे इसी तरह आगे बढ़ने दो और समझने दो कि सब-कुछ उसी का किया-धरा है। तब धीरे-धीरे यह बात हो भी जायेगी—जब हम 'सीन' से हट जायेंगे। वह चतुर-चालाक हो जायेगा।' पत्नी ने समझाने के लहज़े में कहा।

'ठीक है, ठीक है।' वह हँसा।

'और लड़की? उसके क्या हाल हैं ?' उसने अगला सवाल किया।

'वह जा रही है। परसों उसकी उड़ान है।'

'और कृपाशंकर?' पत्नी ने लड़की के पति के बारे में पूछा।

'वह उसको कहाँ-कहाँ टाँगे फिरेगी।' उसने कुछ चिढ़ते हुए कहा, 'उसके पाँच-पाँच शहरों में कार्यक्रम हैं। और फिर वह 'फ़ील' भी कर सकता है।'

'हम पहले ही कहते थे, बेटी को इतना नहीं उठाना चाहिए था।' पत्नी के स्वर में उदासी थी।

'हाँ, उसे बच्चे पैदा करने वाली, साफ़-सुथरी, 'ऑटोमेटिक मशीन' की तरह 'एयर कंडिशनर' में रखना चाहिए था।'

'नहीं, वह बात नहीं है। लेकिन तुम समझोगे नहीं।' पत्नी ने फिर कहा।

'तुम्हारा काम हो जायेगा।' उसने बात बदलते हुए कहा।

'किसी से मिले भी?' पत्नी ने पूछा।

'सीधे मंत्री महोदय से।'

'तो?'

'तो क्या! मंत्रि-परिषद विद्वानों का आदर करता है। वैसे आदर का ढोंग करता है। यह दिखाने का ढोंग कि कला और ज्ञान के क्षेत्र में भी उनका दख़ल है। कि वे अज्ञानी लोग नहीं हैं, जैसा कि हम उन्हें समझते हैं। कि वे केवल लुच्चों-लफंगों और हत्यारों को ही नहीं पालते। और फिर जनता के सामने यह दिखावा भी कि देखो, हम अपने श्रेष्ठ पुरुषों को कैसे सिर-आँखों पर बिठाते हैं। —दरअसल हमसे उनकी इज्ज़त में चार चाँद लगते हैं...' वह फूलता जा रहा था।

'जानती हूँ, जानती हूँ।...अरे हाँ, और छोटे साहब?' पत्नी ने तड़प कर एकाएक अपने छोटे बेटे के बारे में पूछा।

'वे आजकल आत्मा की समस्या में व्यस्त हैं। हमें संन्यासियों की तरह देखते हैं।'

'मज़ाक मत बनाओ, बेचारे का! बहुत सीधा है।' पत्नी बोलीं।

'मज़ाक नहीं भई, सच।' वह हँसा।

'अच्छा, बताओ तो—तुम्हारी उम्र क्या है?' पत्नी ने एकाएक पलट कर पूछा।

'उम्र ?' उसे आश्चर्य हुआ।

'हाँ, उम्र।' पत्नी ने दोहराया।

'छप्पन।' उसने नासमझी में कहा।

'और तुम्हारे बाल खिचड़ी हो गये हैं!'

'हाँ।' उसने अचम्भे में जवाब दिया।

'और तुम्हारी धुकधुकी बीच-बीच में बढ़ जाती है?' पत्नी ने ज़रा तीखे स्वर में कहा।

'क्या बात है मित्रवर?' उसने पत्नी से पूछा।

'काम हो गया है तो तुम वहाँ कर क्या रहे हो?' पत्नी ने दबंगई से पूछा।

'ओह...कुछ नहीं। नहीं, जैसा तुम समझ रही हो वैसा कुछ भी नहीं। नहीं, थकाता भी नहीं अपने को। हाँ थोड़ी-सी बियर और...। गर्मी बहुत है न। और शाम को ख़ूब नहाते हैं।' उसने एक ही बार में पूरी सफ़ाई पेश कर दी।

'तुम कितनी दूर हो!' पत्नी ने पुरानी नरमी से कहा।

'शताब्दियों दूऽऽर।' वह रिझाने के लहज़े में बोला।

'आ जाओ न! मैं बचपन से कभी अकेली नहीं रही। और अब?'

'आता हूँ।' उसने फ़ोन रख दिया।

[५]

रखते ही फ़ोन की घण्टी फिर बजी। वह चौंक गया। उसने सोचा, उसके मित्र का होगा और वह किसी कार्यक्रम की सूचना देगा और रुकने और इंतज़ार करने को कहेगा। जबकि वह निकल लेना चाहता था। उसने अनिच्छा से फ़ोन उठाया।

'आप फ़लाँ बोल रहे हैं?' उधर से नये-नये कण्ठ फूटते किसी लड़के की आवाज़ थी।

'हाँ!' उसने कहा।

'मैं सुप्रिया का लड़का बोल रहा हूँ।'

'सुप्रिया?' उसने अनभूली-सी स्थिति में कहा। कुछ चौंक कर, कुछ खीझ कर।

'हाँऽऽ...मेरी माँ। आप मेरठ में थे। मेरे जन्म से पहले। बल्कि मेरी उम्र दूनी कर दी जाय तो उतने साल पहले। पैंतीस बरस। मेरी माँ के विवाह के भी पहले...जब वह छोटी थी। मुझसे भी छोटी। माँ ने कहा है, ऐसे ही बताना।' लड़का एक ही साँस में बोल गया।

'सुप्रिया यहीं है?' वह हँसा—'यानी तुम्हारी माँ, यानी तुम लोग?'

'हाँ जी।' लड़के ने सहज भाव से कहा।

'यह फ़ोन तुम्हें कैसे मिला?' उसने पूछा।

'अख़बार के दफ़्तर से। कल आपका भाषण छपा था और तस्वीर भी। अम्माँ ने पहचाना कि आप ही हैं। हालाँकि आप बूढ़े लग रहे थे, अम्माँ ने कहा। फिर पता लगवाया—पता और फ़ोन नम्बर। और फिर फ़ोन करने को कहा। एक बार घंटी बज रही थी, पर किसी ने उठाया ही नहीं।' लड़का एक आज्ञाकारी शिशु की तरह बोल रहा था।

'अच्छा-अच्छा, अपनी माँ से मेरा नमस्कार कहना।' उसने बात ख़त्म करने की गरज़ से कहा।

'नहीं जी, माँ ने कहा था कि मैं जाऊँ और आपको घर ले आऊँ। वैसे, अम्मा कह रही थीं कि आप बड़े आदमी हैं, इसलिए डर भी रही थीं।' लड़का फटाफट उद्धृत कर रहा था।

'क्या बताऊँ!' वह सोच में पड़ गया।

'तो मैं अम्मा से क्या कहूँ?' लड़का एक क्षण को ठिठका, फिर बोला, 'हम लोग पंजाबी बाग में रहते हैं।' उसने पता बताया, 'बहुत आसान है, मुख्य चौराहे से दूसरी लेन।' उसने रास्ते का ख़ाका बताया और बस नंबर।

'माँ से कह दो, मैं आता हूँ।' उसने कहा और फ़ोन रख दिया।

[६]

वह लिफ़्ट से नीचे आया। उस हरे-भरे परिसर में अपना कोई शोर-गुल नहीं था। दो इमारतों के बीच में कुछ लड़के-लड़कियाँ बैडमिण्टन खेल रहे थे। वे कुछ ऐसे दिख रहे थे, जैसे ताज़गी पसीने में नहायी हुई हो। उसने बिल्कुल पीछे वाली इमारत की ओर देखा, जहाँ वह पीपल का सात मंज़िला पेड़ था। अगरचे उसकी निचली शाखाओं के बीच कहीं सोडियम लाइट थी जिससे पीपल के पत्ते दिप-दिप दमक रहे थे, लेकिन वे दिखाई नहीं दिए। वे हमेशा ऊपर की फुनगियों पर होते हैं और सारी आबादी और इस अहंकार-भरे शोर को घूरते रहते हैं। वह परिसर के फाटक से बाहर पहले छोटी गली में आया, जिसका नाम 'निशान्त वीथी' है। फिर वह वीथी से कनॉट प्लेस के भीतरी चन्द्रमा में घुसने को हुआ। वह मद्रास होटल से बस भी ले सकता था। या कि टैक्सी...क्योंकि सुप्रिया के यहाँ जाना था। टैक्सी-स्टैण्ड तो चन्द्रमा के भीतर भी है-उधर। इसी उधेड़बुन में जब वह बीच सड़क में था तभी वह ट्रैफ़िक-बॉक्स के भीतर का कंकाल हरे से लाल हो गया।

[७]

उसे अपने ऊपर वे विशाल झुण्ड के झुण्ड आकाश की गहराइयों तक हहराते हुए, उड़ते हुए दिखाई दिए। उनके गन्दे, खुरदरे डैनों के नीचे घनघोर हड़बड़ाहट थी और सब कुछ को चींथ-चींथ कर खाने की उतावली। जब नादिरशाह ने क़त्लेआम का हुक्म दिया होगा तब भी वे ऐसे ही हड़बड़ा कर आकाश की भीतरी तहों तक उड़ गये होंगे और आज भी जब दिल्ली में यह धूल-धुआँ और अनन्त शोर की गड़गड़ाहट चारों ओर कुहराम और एक अदृश्य क़त्लो-ग़ारत

मचाये हुए है। तब कहीं ज़रूर है वह बूचड़खाना—इन्हीं सजी-बजी दुकानों, धुमैली छतों, मचानों या गोलाकार ऊँचे स्तम्भों की शिराओं में, लाल क़िले के तहख़ाने में या अपनी युवावस्थाओं को तलाशते हुए थके-हारे कलाकारों-अभिनेत्रियों की हँसती हताशाओं में—मण्डी-हाउस की गोलाइयों के आसपास—कहाँ है वह?...वह चन्द्रमा के भीतर था अब और सोचा, सुरक्षित है। तभी उसने पाया कि उसके हृदय-तल से उड़ते हुए उन्होंने उसे उठाया—ऊपर और ऊपर—आकाश के फेफड़ों को चीरते हुए ऊपर और ऊपर और फिर एकाएक उन्होंने अपनी चोंच खोली और उसे अतल में गिरा दिया।

[८]

अतीत

सर्वत्र सभी कुछ गुम हो गया और उसने पाया कि वह आठवीं सदी की एक फँफाई हुई नदी के तट पर खड़ा है और जहाँ खड़ा है वहाँ घनघोर, निर्वस्त्र, निर्विघ्न रात है और गरजती हुई, बढ़ी हुई, काले पारे की तरह चमकती हुई नदी का कोसों फैला पाट है। और नदी गति में है।...पानी की तेज़ हरहराती हुई, गुनगुनाती हुई धार है। उसकी कमर में एक बिहिटी है और तन पर एक तार-तार चादर, जिसे उत्तरीय कहते हैं। और यह उत्तरीय पिता का है जो घर से भागते वक्त वह अलगनी से चुपके से उतार लाया था। कई महीनों पहले जब वह पिता की खोज में जंगल की ओर रवाना हुआ था तब वह क्या जानता था कि वह पिता की खोज में नहीं जा रहा है। वह अपनी माता, अपने छोटे भाई-बहनों, अपने खेत-खलिहान, अपनी गायों और कुलाँचे मारते बछड़ों को छोड़ कर सदा के लिए जा रहा है। कि वह लौटेगा नहीं। क्यों नहीं लौटेगा—इसका उत्तर उसके पास नहीं था।

'तुझमें प्रतिभा है,' पिता अक्सर कहा करते थे, 'और जिसमें प्रतिभा होती है वह लौटता नहीं।'

[९]

पिता के यजमान शेर, चीते, भालू और भेड़िये हुआ करते थे। पिता जंगलों में निरापद घूमते। कभी किसी शेर की माँद में डेरा डालते, कभी भेड़ियों के गोलार्ध

में, कभी भालुओं की कलौंच घाटियों में, कभी चीतों की धारीदार खोहों में। वे घर में भी स्वपाकी थे। सर्वत्र अपना भोजन स्वयं बनाते और अपनी नींद का खुद इन्तज़ार करते। सुबह वे सूर्य की रक्त-नदी में स्नान करते और अपने रक्त का अर्घ्य देते। और अपनी पोथियों और दरिद्रता को अगल-बगल दबाये, कई दिनों बाद घर लौट आते।

'क्या लाये?' माँ उत्सुकता दिखातीं।

'यश।' वे थके-माँदे, असहाय बोलते।

'कितनी बार लाओगे वही-वही?' माँ खीझतीं।

'क्या करूँ!' पिता कहते।

'और कुछ?' माँ बोलतीं।

'और? अरे हाँ, मेरे झँगूले में देखो...देखो तो ।' पिता अपने लम्बे अँगरखे की ओर इशारा करते।

माँ उनके झँगूले की बड़ी-बड़ी जेबें टटोलने लगीं। तभी...टटोलते-टटोलते वे चीख़ मार कर गिर पड़ीं—

'ये...ये क्या है?' उन्होंने डरते-डरते, आँगन में बैठे, घेंचू टेढ़ा किये उस विशालकाय पक्षी के बारे में पूछा।

'पहचानो,' पिता ने कहा—'नहीं पहचानतीं?'

'यह क्या उठा लाये घर में ?' माँ ने आजिज़ी से कहा।

'मृत्यु।' पिता ने कहा और झिलंगी खटिया पर ढह गये।

तभी वह उड़ा और अंतरिक्ष के उस सात मंज़िले पीपल की फुनगी पर जा कर बैठ गया। माँ और वह और उसके भाई-बहन, ढोर-ढंगार और नई-नई ब्याई गाय का बछड़ा—सभी उसी ओर देखते रह गये।

[१०]

सबसे पहले वह शेरों की माँद में गया। भेड़ियों के गोलार्ध में, भालुओं की कलौंच घाटियों में, चीतों की धारीदार चमकदार खोहों में—सब कहीं वह ढूँढ़ता फिरा। रहते-रहते, पहाड़ कत्थई और निर्वस्त्र हो जाते। फिर अग्निमय पलाश घाटियों और शिखरों को सेंकने लगते। फिर घाटियों में कुहरे जैसी भाप भर जाती और हाड़-हाड़ जंगल तड़तड़ा कर जल उठते। फिर वर्षा आती तो धारासार! खैरे पत्थर पानी को रगड़-रगड़ कर चमका देते। तब घाटियों में सूखे पड़े कंकरीले

नालों में चमकता हुआ पारदर्शी जल झिर-झिर बहने लगता। धीरे-धीरे जले हुए पेड़ों की जड़ों से हरे अँखुए निकलते और पिता-पहाड़ को वल्कल पहना देते। फिर यहाँ से वहाँ तक शाल बौरा जाते और ऊँची-नीची जल-घाटियों के भींगे पत्थरों पर बड़े-बड़े नाग अपनी वक्रिल चालों का अभ्यास करते हुए खुल कर साँस लेने बैठ जाते। फिर ठण्ड और ठिठुरन से बचने के लिए पहाड़ अपनी हरी दोहर में सिकुड़ जाते।...वह कहाँ-कहाँ नहीं गया! उस धुआँस, हरियाली और खैरे पत्थरों और वृक्षों की जड़ों में जगह-जगह उसे धुले-पुँछे, स्वच्छ-सफेद, मनुष्यों के कंकाल दिखाई पड़े। वह उन्हें छू-छू कर देखता। उसे पिता की पसलियों की छुवन का आभास था। उसने आँखों के कोटरों से पहचानने की कोशिश की। दंत पंक्तियों से, दुहरी ठुड्डी से, या माथे की चमक से। लेकिन कुछ भी सम्भव नहीं था। यशस्वी पिता के यश की विशिष्ट चमक कहाँ थी? क्या बची-खुची अस्थियों पर यश की चमक नहीं रहती? क्या सभी कंकाल समान, समदृश हो जाते हैं? वह कौन सा कंकाल उठा कर घर ले आता और माँ से कहता कि देखो, ये हैं मेरे यशस्वी पिता और यह रहा मैं—उनका प्रतिभावान पुत्र!

और अब वह खड़ा है—इस नदी-तट पर। और उस पार के घने वन में वह दिया जल रहा है। वह थका हुआ है। उसकी देह तप रही है—जैसे अग्निमय पलाश उसकी नसों में तैर रहे हों। नदी तीव्र झंझावात में है और वह जानता है कि धार को थोड़ा-थोड़ा तिरछा काटते हुए वह आगे बढ़ेगा तब भी काफी दूर जा कर उस पार निकलेगा। लेकिन निकलेगा ही। लौटना नहीं है।

जिसमें प्रतिभा होती है वह कभी नहीं लौटता।

[११]

वह तैर कर पार आया। एक झोपड़ी देख कर तपता हुआ, डगमगाता वह उधर ही बढ़ा।

उसने दरवाजे के टट्टर पर थाप दी तो वह झुनझुनाया। फिर टट्टर हटा कर एक बूढ़ी औरत ने झाँका। और बिन बोले झाँकती रही।

'बाहरी हूँ ईआ (आर्या)? दूर देस—नदी-पार के जंगलों से आया हूँ। जर है। शरीर ठीक नहीं है।' उसने कहा। बस। यही बस याद है। शायद ईआ ने टट्टर हटा दिया। शायद घर गोबर से लिपा-पुता, साफ-स्वच्छ था। शायद वह घर की दालान थी। फिर वह कब कोने में गिरा, कब और किसने उसे सूखे वस्त्र पहनाये, कितने दिनों वह पड़ा रहा, यह सब धुँधलाया ही रहा। नींद और अचेते में कुछ

लोग बाहर-भीतर आते-जाते रहे। दो अधेड़ कुल्हाड़ियों के संग प्रकट हुए और भीतर वाले घरों में चले गये। काँव-किच करते हुए बच्चे और युवावस्था से दो कदम दूर एक सँवलाई हुई, तपी हुई औरत—शायद।

'कौन है ये?' एक अधेड़ मर्द की गुर्राती आवाज़।

'आन गाँव का है। जर है।' ईआ ने कहा।

'जर है तो यहाँ क्यों है?' कोई दूसरी मर्दानी आवाज़।

'चला जायेगा।' ईआ फिर बोलीं।

'कब?' उस पहले आदमी ने नफ़रत से घूरते हुए पूछा।

'आदमी जात है। ठीक तो हो जाय। कि नदी-नारे फेंक दें?' ईआ घौखीं।

दोनों मर्द इधर-उधर हो गये।

जब वह जगा—यानी पूरी तरह होश में आया तो वह ताम्बई औरत उसके बगल से गुज़री। उसने हाथ जोड़े तो वह मुस्कुराई, 'ठीक हो अब?'

उसने सिर हिलाया।

उसने देखा बाँस के हरे-हरे फट्टों से बने दो चाँचर दालान की पहली दीवार के पास समानान्तर गड़े हैं। उनके पाये जमीन में धँसे हैं और एक चाँचर यहाँ-अलाव के पास, वैसा ही जिस पर वह लेटा है।

'यह कौन थी?' उसने ताम्बई औरत के बारे में पूछा।

'मेरी बड़ी नतिनी।—इसकी बड़ी बहिन।' ईआ ने उसके सिरहाने की ओर अलाव के पास गुड़ी-मुड़ी बैठी एक आकृति की ओर आँखों से इशारा किया।

तब उसने सिर घुमा कर देखा। उसकी लम्बी पलकें आग के धीमे आलोक में दीवार पर अपनी परछाइयाँ बना रही थीं। स्तनों के उठान के नीचे, दायें-बायें पसलियों के हरे-साँवले चाँचर का एक-एक फट्टा सलीके से बिछा हुआ था। नाभि का हल्का उभार था लेकिन पार्वती की त्रिवलियाँ वहाँ नहीं थीं। साँवला-चिकना, धँसा हुआ, सुनहले रोयों से लहलहाता पेट था—बस।

'एक और थी—इससे छोटी।' ईआ ने कहा।

'वह कहाँ है?' उसकी तन्द्रा भंग हुई।

'उसे माँ खींच ले गयी।' ईआ बोलीं।

'खींच ले गयी?' उसकी समझ में नहीं आया।

'हाँऽऽ...बुड़ुवा हो गयी है न। नदी में डूब गयी थी। हमारे बच्चों की ताक में रहती है। लुका-छिपी खेलती है डाइन! कभी उस घाट उगेगी, कभी दूसरे घाट। कहीं भी नहाने उतरो, पाँव पकड़ के सुरग-पाताल खींच ले जाती है।

कितने जनावर खा गयी। हमारी बचिया सुन्न दुपहरिया पानी पीने उतरी। क्या जानती थी! अँजुरी बनाया नहीं कि अँजुरी समेत खींच ले गयी।' ईआ बोलती जा रही थीं।

'वे लोग कहाँ गये?' उसने पूछा।

'कौन?' ईआ ने उसकी ओर देखा।

'कुल्हाड़ियों वाले।' उसने कहा।

'डरो मत,' ईआ हँसीं, 'अच्छे हो जाओ।'

'गये कहाँ?' उसने जानना चाहा।

'जंगल-झार।' ईआ ने कहा।

'और इसकी बहिन और बच्चे?'

'गइओं के पीछे।'

'यह नहीं जाती?' उसने लड़की की ओर इशारा किया।

'इसे नहीं भेजते। बाप ने मना किया है।' ईआ बोलीं।

'क्यों?' वह चकरा गया।

'इस पर घड़ियालों की नज़र है।' ईआ ने लड़की की ओर देखते हुए कहा।

[१२]

रोज़-रोज़ यही होता था। थोड़ा दिन चढ़ते ईआ गोशाले के बाहर गोबर पाथने चली जातीं। सब लोग जंगल-झार चले जाते। फिर वह लड़की गोशाले में जाती। वहाँ से गोबर ला कर एक कोने में पटक देती। सारे घर की बुहारी करती। फिर गोबर से लीपती जाती, पीछे हटती जाती। वह चाँचर पर लेटे-लेटे, काले संगमरमर-सी उसकी पीठ देखता रहता। वह उसके चाँचर के नीचे झुक कर लिपाई करती तो वह उसकी पीठ में अपने चेहरे की परछाईं देखता। फिर वह नीचे से अपना सिर बाहर निकालती।

'तुम्हें बोलना नहीं आता?' वह पूछता।

वह चुप, दालान के बाकी भाग की लिपाई करती रहती।

'तुम्हीं मुझे जर में कड़वी गुरुच का रस पिलातीं थीं? वह फिर पूछता।

वह बाहर निकल जाती। थोड़ी देर बाद वह बाहर निकलता तो देखता कि वह नदी की ओर मुँह किये खड़ी है। वह चलता हुआ पास खिसक आता है।

'मैं घर से भाग आया हूँ।' वह कहता है।

वह चुप।

'मैं लौटूँगा नहीं।' वह दुहराता है।

वह फिर भी चुप।

'मुझे डर लगता है। मैं माँ को क्या मुँह दिखाऊँगा! मैं क्या कहूँगा! मेरे भाई-बहन हैं और वे सभी असहाय हैं। वे मेरा मुँह ताकेंगे। मुझे असहाय लोगों को देख कर डर लगता है।' वह कहता है।

लड़की मुड़ती है और आग के पास आ कर बैठ जाती है।

'मैंने बहुत सारे नर-कंकालों में से उन्हें पहचानने की कोशिश की।' वह लड़की के पास बैठते हुए धीमे स्वर में कहता है।

वह चुप है, आग के भीतर झाँकती हुई।

'अपने पिता को।' वह समझाता है।

लड़की आँख उठा कर उसे देखती है—क्षण भर को।

'अगर उन कंकालों में मैं होता...' वह अपनी ओर इशारा करता है।

लड़की उठती है और ईआ के पास जा कर बैठ जाती है।

'क्या बोलता है?' ईआ अपनी नतनी से पूछती हैं।

'वह ठीक नहीं है।' वह कहती है।

'क्यों?'

'वह घड़ियालों के बारे में पूछ रहा था।' लड़की साफ़ झूठ बोल जाती है।

[१३]

एक असहाय, विस्मयकारी और दुस्साहसिक क्षण में वह घटना हो गयी। सभी लोग घर के अन्दर थे—इधर-उधर बिखरे हुए। वह चाँचर पर बैठा था और लड़की आग के पास। वह अचानक ही उठा और उसने लड़की का चेहरा इतनी ज़ोर से अपनी ओर मरोड़ा, जैसे चेहरे को पीठ की ओर मोड़ देगा। उसने उसके दोनों होंठ एक साथ अपने होठों में भरे और एक बार—सिर्फ़ एक बार—चूम कर छोड़ दिया। फिर वह पीछे मुड़ा और लौट कर चाँचर पर बैठ गया। वह हाँफ़ रहा था—बुरी तरह। उसके मुँह में समुन्दर का खारा पानी भर गया था। उसने घुटक लिया। उसने कोने में रखी दो चमचमाती कुल्हाड़ियाँ देखीं। फिर उसने लड़की की ओर देखा। वह पहले जैसी सहज बैठी, चुपचाप आग की लवों को ताक रही थी। उसने अन्दर घर की ओर देखा। हल्की खटर-पटर थी। तभी लड़की उठी और टट्टर हटा कर बाहर निकल गयी। बाहर घनी, टपकती हुई

जंगली रात थी जिसके गर्भ में सन्नाटा थरथरा रहा था। नदी के शान्त हृदय में मछलियों की किलोल धड़क रही थी।

तभी ईआ भीतरी घर से बाहर आयीं। 'वह कहाँ गयी?' उन्होंने इधर-उधर देखा।

'अभी-अभी उठ कर बाहर गयी है।' उसने डरते-डरते कहा।

'इतनी रात में बाहर जाने का क्या काम था?' वे घबरा गयीं।

'वह माँ की खोज में गयी होगी।' उसने कहा।

ईआ भुनभुनाती हुई बाहर निकल गयीं।

दोनों मर्द अपनी कुल्हाड़ियाँ उठाये, उसे घूरते हुए बाहर निकले।

वह भी घबरा कर बाहर निकला। दोनों मर्द कुल्हाड़ियाँ ताने हुए नदी के अरार पर खड़े हो गये।

'बनखंडी।' ईआ ने अँधेरे में आवाज़ दी।

वह ईआ के पास जा कर खड़ा हो गया। फिर वे दोनों टटोलते हुए आगे बढ़े। फिर अँधेरे की उजास में लड़की की आकृति प्रकट हुई—बिलकुल नदी के अरार पर, कुल्हाड़ियाँ ताने मर्दों से दूर। बिल्कुल जड़ और स्तब्ध...जैसे कोई काला ठूँठ धरती में धँसा हो। उन दोनों की आहट पाते ही वह लौटी और घर के अन्दर भाग गयी।

'एक बार वह बाहर निकल आये तो उसकी बोटी-बोटी कर दें।' ईआ ने मर्दों की ओर देखते हुए कहा।

'कौन ईआ?' उसने पूछा।

'वही डाइन, जो नदी में छिपी है।' वे कहती हुई अन्दर चली गयीं।

[१४]

एक-दो दिन घर में सन्नाटा रहा। यह उसके भीतर का डर था जो उसे ऐसा लग रहा था। थोड़ी धूप चढ़ने के बाद तो रोज़ ही ऐसी चुप्पी छा जाती। बस रह जाती—घर के पिछवारे ईआ के गोबर पाथने की थप-थप आवाज़, दूर कहीं जंगल के भीतरी गर्भ-गृह में भालुओं की गुर्राहट, घर के भीतर बुहारी की सरसर-खरखर और ताज़े धुएँ की महँक। एक दिन उन दोनों मर्दों से ईआ की कुछ कहा-सुनी भी हुई। फिर वे उसे घूरते हुए बाहर निकल गये। फिर एक दिन वे आग के पास बैठे उससे बतियाते रहे।

'हम लोग उसे खोज रहे हैं।' उनमें से एक ने कहा।

'मेरे पिता तो अक्सर शेरों के यहाँ डेरा डालते थे।' उसने अनजान बनते हुए कहा।

उन दोनों ने उसे घूरना शुरू किया।

'मैं भी शेरों की माँद में जाता हूँ।' उसने डरते हुए कहा।

उनमें से एक मर्द उठा और उसने झपट कर उसकी दोहर खींच ली। फिर वे दोनों मिल कर उसकी देह टटोलने लगे। वह अचम्भे में उन्हें देखता रहा। फिर वे बैठ कर हँसने लगे। वह भी हँसने लगा। वह एक डरी हुई हँसी थी।

[१५]

उसे लगा, उसका डर व्यर्थ है।

फिर तो वह प्यार एक उन्माद और ध्वंस में बदल गया।

[१६]

'आज मैं तुम्हें सजाऊँगा।' एक दिन उसने लड़की से कहा।

लड़की दालान के कोने में चुपचाप बैठी थी। सभी लोग बाहर चले गये थे।

'और जब श्रृंगार पूरा हो जाय तो तुम एक बार बोल ज़रूर देना।' वह हँसा।

लड़की चुप।

'हाँ, कि तुम्हें कैसा लगा।' उसने उसकी आँखें अपने होठों में भरते हुए कहा।

लड़की का चेहरा एक अजाने दर्द में ऊपर को टँगा रहा।

'अच्छा, अब खड़ी हो जाओ तो।' उसने बगलों में हाथ लगा के उसे खड़ा कर दिया।

'पहले कमर में करधनी।' उसने कहा और लड़की की कमर के चौगिर्द उसने रच-रच कर चुम्बन बैठाने शुरू किये। इस क्रिया में वह उसके चारों ओर गोल-गोल घूम गया।

'और ये कड़े', उसने दोनों कलाइयों के गिर्द चुम्बन बैठाये, 'और यह बाजूबन्द, यह हलका, यह मँगटीका, यह हँसुली, यह कनफूल, यह झूमर, यह तोर, यह नथिया और यह तीन फाँकों वाली नकबुल्ली। अरे, कहीं ईआ न आ जाँय। जल्दी से एक बार और,' उसने उसका चेहरा झटके से पीठ की ओर मोड़ दिया। फिर उसकी आँखें, उसका माथा, कान की लवों, उसके कण्ठ, उसके केश, 'अरे झाँझ और गोड़हरा तो छूट ही गया।' वह उसके घुटनों और पाँवों तक

झुक आया। फिर उठा और अन्त में उसके होठ चुम्बनों की बौछार से तर हो गये। लड़की चुपचाप, स्तब्ध, विस्मय में विस्मृत—एक चीड़ के साँवले तने की तरह धरती में धँसी हुई खड़ी थी। सिर्फ़ उसका चेहरा हल्के, लाल पत्थर की तरह घुल कर तमतमाया हुआ सुलग रहा था।

'मैं यहीं रह जाऊँ?' उसने हाँफ़ते हुए, बैठते हुए कहा।

लड़की झरझर रोने लगी।

'अरे, तुम तो रोने लगीं।' उसने उसे कन्धे से पकड़ लिया।

'देखो, तुम सज कर कितनी सुन्दर लग रही हो।' उसने लड़की के आँसुओं को अपने होठों में रचाते हुए कहा।

लड़की जड़-स्तब्ध खड़ी। अपने आँसू भी नहीं पोंछती।

'अच्छा, अब नहीं सजाऊँगा। अब ऐसे ही रहना, सूखे टीले की तरह।' उसने कहा।

लड़की एकदम-से लौटी और बाहर चली गयी।

[१७]

लेकिन ऐसी प्रतिज्ञाएँ निभाने के लिए कहाँ होती हैं! रात आयी—घनघोर अँधेरे को बिछाती हुई। झनझनाते सन्नाटे के संग। जिसमें एक दूसरे की साँसें और धड़कनें भी सुन पड़ें। दीवार के पास के दोनों चाँचरों पर ईआ और लड़की सोते थे। आग के पास के चाँचर पर वह। कुल्हाड़ी लिए मर्द गोशाले में। और भीतरी घरों में वह तांबई औरत और काँव-किच करते उसके छौने। ईआ की साँस बराबर होते ही उसने प्रण-भंग किया। वह चुपके से उठा और लड़की के सिरहाने, ज़मीन पर घुटनों के बल बैठ गया। उसने टटोल कर लड़की का चेहरा छुआ तो वह चिंहुँक गयी। उसने उसके होठों पर उँगलियाँ रख दीं। वह अँधेरे में बेबस हो गयी। उसने उसका एक कान टटोला और पा लिया। फिर उसने अपने होंठ उसके कानों में घुला दिये और मथे हुए, पागल शब्द उनमें झरने लगे—धीरे-धीरे, रह-रह कर, गुच्छों में।...'तुम मेरी साँस हो। तुम मेरी धुकधुकी हो। तुम मेरी नदी हो, मछली हो। तुम मेरी आँखें हो, हाथ हो, उँगलियाँ हो। तुम मेरी जीभ हो, दाँत हो। तुम मेरी रोटी हो, पानी हो। तुम मेरी नानी हो। तुम मेरी मँहक हो—सूखता पसीना हो। सुनती हो—तुम मेरी प्रिया हो—प्रिया—सुप्रिया ऽऽ—।' फिर वह उठा और बगल में आया। फिर उसके होठों पर होंठ रखे और कहा—'अब मरने तक ऐसे ही।—जंगलों की आती-जाती साँस तक—ऐसे ही। पहाड़ जब तक जियें—तब तक ऐसे ही। तुम और हम जब शेरों की माँद में चलें—ऐसे ही। उस कभी न आने वाली भोर तक ऐसे ही।'

शायद ईआ को कुछ सुमगुम लगी। वह उठीं। उन्होंने बगल के चाँचर पर सोयी हुई लड़की का चेहरा अँधेरे में टटोला। वहाँ एक साथ सटे हुए, स्थिर, शान्त दो चेहरे, एक संग उनके स्पर्श में आये। एक चेहरा छिटक कर अलग हुआ और अपने चाँचर पर जा कर लेट गया। ईआ के मुँह से केवल इतना ही निकला—'हत्यारे!' और वह भी फुसफुसा कर। और बस। सब कुछ एक भयग्रस्त सन्नाटे में गुम।

[१८]

सुबह हुई। दिन थोड़ा ऊपर आया। सब लोग जंगल-झार चले गये। ईआ बैठी रहीं। लड़की ने बुहारी की और घर लीपना शुरू किया। उसकी पीठ थरथराती रही। वह आग के पास दोहर ओढ़े बैठा रहा। लीपना खतम करके लड़की ने हाथ-मुँह धोये और आग के पास आ कर गुमसुम बैठ गयी।

'काट दिये जाओगे दोनों।' ईआ भुनभुनायीं।

दोनों चुप।

'मेरे कहने भर की देर है।' ईआ फिर बोलीं।

उसने आँख उठा कर ईआ को देखा।

'इधर आओ दोनों।' उन्होंने आदेशात्मक स्वर में कहा।

दोनों ने मुड़ कर उन्हें देखा। दोनों उठे और आ कर ईआ के पास खड़े हो गये।

'तुम्हें वह डाइन खींच ले जाती तो अच्छा था!' उन्होंने लड़की की ओर देखते हुए कहा।

लड़की हमेशा की तरह चुप।

'तुम कब जाओगे?' ईआ ने उससे पूछा।

उसने लड़की की ओर देखा।

'और यह?' उसने ईआ से पूछा।

'तुम जाओगी इसके साथ?' ईआ ने लड़की से पूछा। फिर वे एकाएक नरम पड़ गयीं और उसकी ओर पलटीं। 'तो जितनी जल्दी हो...इसे लेकर,' वे रोने लगीं, 'लेकिन इधर नहीं,—उधर, नदी पार, पीछे, जहाँ से आये हो।...लेकिन जल्दी। दोपहर के पहले-पहल। और उधर, उस घाट पर। इधर नहीं। वह डाइन आजकल इधर वाले घाट पर डेरा डाले है। वह अक्सर पानी पर चलती हुई, दौड़ती हुई आती है। वह हमला ज़रूर करेगी। और मैं मर्दों से कह नहीं सकती। तो तुम जाओ।' उन्होंने लड़की को उठ कर धकेला। 'जल्दी कर डाइन! और तुम हत्यारे! तुम अब इस बुढ़िया का मुँह क्यों बकर-बकर ताक रहे हो?'

'मैं नहीं जाऊँगी।' लड़की ने कहा—एकाएक।

पहली बार उसने लड़की की आवाज़ सुनी। उसे आश्चर्य हुआ—उसके इस तरह अचानक बोलने पर भी। और उसके नकार पर भी।

'क्यों ? क्यों नहीं जाओगी तुम?' ईआ उसे पकड़ कर झकझोरने लगीं।

'यह मुझे छोड़ देगा।' लड़की ने नपे-तुले ढंग से कहा।

'छोड़ देगा?'

लड़की ने होंठ काटते हुए 'हाँ' में मूड़ी हिलायी।

'क्या कहती है!' ईआ चिढ़ गयीं।

'यह अन्धा है।' लड़की ने कहा।

'अन्धा है कि तुझे प्रेम करता है!' ईआ झनझनाने लगीं।

'प्रेम करता है इसीलिए तो छोड़ देगा,' लड़की बिफर पड़ी—'मुझे छोड़ देगा और जितनी बार आँख खुलेगी उतनी बार प्रेम करेगा। और फिर प्रेम करेगा। और फिर प्रेम करेगा। और फिर प्रेम करेगा। मुझे छोड़ देगा और बार-बार प्रेम करेगा। और मैं मरूँगी-जिऊँगी। मरूँगी-जिऊँगी। मरूँगी-जिऊँगी। और इसे पता भी होगा तो पता नहीं होगा। और यह लौटेगा नहीं। यह भगोड़ा है।' लड़की बोलते-बोलते फफक कर रो पड़ी और उठ कर अन्दर भाग गयी।

[१९]

वह उठा और चला गया।

[२०]

वह चला गया—स्मृति के झाड़-झंखाड़ों की साँय-साँय, पथरीली-सँकरी घाटियों से होता हुआ। और अचानक एक राजमार्ग पर निकल आया।

चला गया, तभी तो आज लौटा है—पैंतीस वर्षों बाद। कैसे सज-बज के लौटा है! उसके घोड़े की काठी, अयाल, मोहड़ी और पूँछ—सभी लाल-चमकदार फुँदनों से सजी है। लम्बा, रेशमी अँगरखा पहने है। ऊपर से सुनहरी ज़री की गोटे लगी मिर्जई से बदन कसा है। रक़ाब में लाल-लाल फुँदनेदार जूतियाँ चम-चम कर रही हैं। सिर पर गुलाबी पगड़ी कैसी फब रही है! माथे पर लाल चन्दन का टीका है। पीछे दो घोड़ों पर दो अंगरक्षक।

उसने अंगरक्षकों को नदी-तट पर ही छोड़ दिया। फिर वह उस घर के दरवाज़े तक गया। उसने दिशाओं को टटोला। हाँ, वही घर तो है। थोड़ा टूटा-फूटा—सँभाला गया बार-बार।

'बनखण्डी।' उसने घोड़े पर बैठे ही बैठे आवाज़ लगाई।

एक औरत टट्टर हटा कर बाहर आयी। पहले उसने माथे पर आँचल लिया। फिर पहचाना। 'अरे आप। एक जुग बाद!' उसने माथे का आँचल थोड़ा और नीचे किया, 'नीचे नहीं उतरेंगे?' उसने कहा।

'उतरूँगा क्यों नहीं!' वह थोड़ी हिफ़ाजत से उतरते हुए, काँखते हुए बोला।

'आइए, अन्दर आइए।' कहती हुई औरत आगे-आगे अन्दर जाने लगी।

वैसे ही नये चाँचर थे। शायद अभी हाल ही में बनाये गये थे। घर के भीतर से दो लड़कियों ने झाँका।

'बाहर आओ बेटी!' औरत ने कहा।

दोनों लड़कियाँ सकुचाती हुई बाहर आयीं।

'पैर छुओ बेटी!'

दोनों ने झुक कर बारी-बारी पैर छुए। उसने माथे पर हाथ रखा।

'और लोग कहाँ हैं?' उसने पूछा

'और लोग माने?' औरत बोली

'और लोग माने घर के और लोग।' वह हँसा।

'इसका बाप?' औरत ने इशारा समझा—'है।'

'कहाँ गये?' वह आदरपूर्वक बोला।

'झगड़ कर भागा है। कई दिन हो गये। अक्सर करता है! पेड़ पर चढ़ कर जंगल में रात बिता देता है। दिनों गायब रहता है। फिर लौट आता है। आ ही जायेगा।' औरत रुक-रुक कर बोलती रही। उसके बोलने में कुछ भी नहीं था। सिर्फ़ जो था—वैसा था। न ज्यादा, न कम।

'अच्छा! और कोई?'

'है। एक लड़का है। सोलह बरस का हो गया लेकिन पाँच ही बरस का है।' औरत ने निर्विकार भाव से कहा।

'और?'

'एक और है—उससे बड़ा। ठीक है।' औरत ने कहा।

'क्या करता है?' उसने जानना चाहा।

'करेगा क्या, लकड़हारा है।'

'और गोशाले में?'

'गायें नहीं रखते। कई बरस हो गये।' औरत बोली

'क्यों?'

'राजा के लोग हाँक ले जाते हैं।'

'यह तो गलत बात है। मैं कहूँगा।' वह उत्तेजित हो उठा।

'आप कहाँ ठिकाना करते हैं?' औरत को मौका मिला।

'मैं दरबार में राज-ज्योतिषी हूँ।' उसने हुलस कर कहा।

'और बच्चे?'

'तीन हैं। दो लड़के, एक लड़की।'

'सब कुसल से हैं?' औरत ने पूछा।

'अरे, मत पूछो। बड़ा लड़का नामी धनुर्धर है। महाराज के अंगरक्षकों में है।' उसने बताया

'और बिटिया?'

'वह राज-नर्तकी के पद पर है। जानती हो, बिना उसका नाच देखे महाराज को नींद नहीं आती।'

'और छोटा बेटा?' औरत ने आँचल थोड़ा और आगे खींच लिया।

'वह तो संन्यासी हो गया।'

'रोका नहीं बेचारे को!' औरत ने दया-भाव से कहा।

'अरे नहीं, वैसी कोई बात नहीं है। वह मज़े में है। कोच्ची के मठ में है। बड़े मंहत जी की खूब सेवा करता है। बहुत मानते हैं उसे। बूढ़े हो गये हैं—जलजल। जाने ही वाले हैं। जल्दी ही गद्दी पर बैठायेंगे। माने, उसी को बैठायेंगे।' वह तफ़सील से बताता रहा।

'मेरे पास आपके खाने-पीने लायक कुछ भी नहीं है।' औरत के चेहरे पर कुछ भी नहीं था।

'अरे नहीं, उसकी चिन्ता मत करो। पहरेदार हैं न! उन्हें नदी-तट पर छोड़ आया हूँ।'

औरत चुप रही।

'रनिवास में मेरी बड़ी पहुँच है। मैं गायों के बारे में कहूँगा। रानी जी से कहूँगा कि वे महाराज से कह दें।' उसने दिलासा के स्वर में कहा।

औरत हँसी—एक फीकी हँसी।

'अच्छा, चलता हूँ।' उसने कहा।

वह बाहर तक आयी।

उसने कमरबन्द ढीला किया। फिर मुश्किल से घोड़े पर चढ़ा।

औरत के हृदय-तल में जाते हुए घोड़ों की टापें बजती रहीं।

[२१]

पुनः वर्तमान

उनकी बीट से उस सात मंज़िले पीपल की दिप-दिप करती पत्तियाँ और डालें सफ़ेद हो गयी हैं। हवा में एक गँदली सफ़ेदी चमकती है। पत्ते असमय ही झर रहे हैं। डालें ठूँठ होती जा रही हैं। और वे आराम से हैं। वे अचानक उड़ते हैं और पहचान लेते हैं—जीव-जन्तु, जगहें और लोग और जाती हुई युवावस्थाएँ और कगार पर झुके हुए नगर और चन्द्रमा में पैठ कर किया गया प्रेम।—वे उसे भी पहचान लेते हैं। वे फड़फड़ा कर उड़ते हैं और बादलों के गर्भ में छेद करते हुए भाँवरें लेते हैं। वे जानते हैं कि उस टैक्सी में कुछ है, जिसे वह छिपा कर ले जा रहा है। वे इन्तज़ार करेंगे। इसीलिए लौटते हैं और बैठ कर दूर दिशाओं, देशान्तरों, जन्मान्तरों में झाँकने लगते हैं...।

[२२]

टैक्सी पंजाबी बाग के चौराहे पर रुकी तो वह नीचे उतरा। उसने पैसे चुकाये। टैक्सी-चालक ने टैक्सी घुमायी और जाने को हुआ। तभी उसने उसे आवाज़ देकर रोका।

'रुकिये तो। मुझे उतरने तो दीजिए।' उसने कहा।

फिर उसने टैक्सी का पिछला दरवाज़ा खोला और सीट पर लिटाये हुए नर-कंकाल को उतारा।—साफ़-स्वच्छ, धुला-पुँछा, चाँदी की तरह चमकता हुआ—आपाद-मस्तक।

'हाँ, अब आप जा सकते हैं।' उसने टैक्सी-चालक से कहा।

फिर उसने नर-कंकाल को अपनी पीठ पर एहतियात से लादा और गली में मुड़ गया। फिर उसने घर का नम्बर देखा। हाँ, घर तो सुप्रिया का यही होना चाहिए। उसने पीठ से ठठरी उतारी और दीवार से टिका कर खड़ा कर दिया।

फिर उसने घंटी बजायी।

◆◆

धर्मक्षेत्रे कुरुक्षेत्रे

बनकटे के भीतर घुस कर बाप-बेटे दोनों थम गये। और उन दोनों के बीच चलती हुई वह औरत भी।

'बस-बस हिँअँई।' सिऊ मँहतो ने फुसफुसा कर अपने बेटे से कहा।

'चोरबत्ती है न?' मरकटवा ने अपने बाप से पूछा।

'मैं जाता हूँ कथौली। देखता हूँ चनरमा सिंघ माल फेरते हैं कि नहीं।' सिऊ मँहतो बोला।

'अगर मने कर देंगे तो?' मरकटवा बोला।

'हजारों के फेरे में आ जायेंगे, और क्या! मने कर देंगे तोओ!' सिऊ मँहतो ने मुँह बनाते हुए कहा।

'बेकार फजिहत में पड़े हो बाबू!' मरकटवा ने बाप से सहानुभूति जतायी।

'फजिहत? हमारा बंस डूबा जाये है और इन्हें फजिहत दिखाई दे रही है!' सिऊ बोला।

औरत अँधेरे में उन दोनों की बातें सुनती खड़ी रही।

'चोरबत्ती दै देव तब जाओ।' मरकटवा अपने बाप से बोला।

सिऊ मँहतो ने दोहर के भीतर से चोरबत्ती निकाली और बेटे को पकड़ा दी। 'देखना, पहरे में ढील न हो।' कहता हुआ वह नदी के कछार में उतर गया।

लेकिन तुरन्त वह फिर लौटा। मरकटवा ने खुर-खुर की आवाज़ से सहम कर उधर देखा तो उसका बाप था।

'छान देना ठीक से। नहीं, औरत जात बड़ी बिरंजी होती है। कहीं दगा दे गयी तो...।' कहता हुआ वह फिर अँधेरे में गुम हो गया।

नदी जहाँ उत्तर की ओर बाँक लेती है, वहीं कोने में एक घना, छोटा-सा जंगल था—मकोय, पलाश, एकवन और बबूल के छोटे-बड़े झाड़-झंकाड़ों से घिरा हुआ। बीच में नीम के दो बड़े-बड़े पेड़ और एक विशालकाय बरगद, जो सारे जंगल को ढाँपे हुए था। उसकी बरोहें चारों ओर जमीन में धँस कर मोटा तना

बन गयी थीं। उसी के नीचे नकटी दाई का थान था। सुनसान, लेकिन दाई की माँग लाल सिन्दूर से टिकी हुई। नकटी दाई उस इलाके के चोरों की पुजावन देवी थीं। जंगल के भीतर और बाहर, नदी के अरार तक चारों ओर बनकट की घनी झाड़ियाँ थीं। इसीलिए अगल-बगल के गाँवों के लोग इसे बनकटा कहते थे। बनकटे में साही, सियार और खेंखर बहुतायात से रहते थे। और बरगद पर रात में उल्टे लटके गादुर, गिलहरियाँ, कत्थई और पीले दुरंगे बर्र, माटा के झोंप और तमाम तरह के गिरगिटान। दिन में भी घनी साँय-साँय और रात में खुर-खुर, खट-खट और बीच-बीच में गादुरों की बनैली फड़फड़ाहट।

मरकटवा ने चोरबत्ती जलाई तो चारों ओर भक्-से उजाला हो गया। उसने रोशनी घुमा कर जगह का जायज़ा लिया। रोशनी से चौंक कर झींगुरों ने एकाएक बोलना बन्द कर दिया। तरह-तरह के कीड़े-मकोड़े, पतंगे और हरे-पीले टिड्डे घबरा कर इधर-उधर सरके तो सूखी पत्तियों पर खरखर की आवाज़ हुई। अचानक एक खेंखर घनी झाड़ियों के बीच से उछल कर निकली और उनकी तरफ़ दाँत निपोरती, खें-खें करती हुई बनकटे के बाहर भागी। मरकटवा ने चोरबत्ती बुझा दी।

'बैठ जाओ हुँअँईं।' उसने कड़कती हुई आवाज़ में औरत से कहा और कमर में लपेटा हुआ लम्बा सींकड़ खोल कर निकालने लगा। यह सींकड़ भी किसी हथियानसीन बाबू का हाथी बाँधने के काम आता था और नक़ब के दौरान कभी सिऊ मँहतो के हाथ लगा था।

औरत ने पल्ले की ओट से झाँक कर उसे देखा।

'हमने क्या बोला, सुनीं नहीं?' मरकटवा ने धमकी के लहजे में कहा।

औरत वहीं जमीन पर बैठ गयी।

'ऐसे नहीं, आराम से।' मरकटवा ने उसे हल्के-से पीछे को धकेल दिया।

औरत झुँझलाई और उसने अपना मुँह दूसरी ओर फेर लिया। कूल्हों के बल गिरते ही उसका बड़ा-सा पेट और आगे निकल आया।

'गोड़ आगे बढ़ाओ।' मरकटवा बोला और उसने औरत का एक पैर पकड़ कर आगे की ओर खींचा।

औरत ने झट-से अपने पैर सिकोड़ लिए।

'सान्ती-सान्ती,' मरकटवा बोला, 'डरो मत, हम कोई हरामी नहीं हैं।' उसने औरत का पैर कड़े हाथ से पकड़ कर आगे खींचा।

औरत के पावों में गिलट के गोड़हरे थे।

मरकटवा ने गोड़हरे में सींकड़ फँसाया और थोड़ी दूर जाकर उसका एक छोर बरगद की उभरी जड़ में फँसा कर जकड़ दिया। 'अब ठीक।' उसने फँसे हुए

सींकड़ को रोशनी में जाँचा-परखा। उसने देखा, औरत की पिंडलियाँ खूब गोरी-चिट्टी हैं।

'दोगली है क्या रे!' उसने अँधेरे में कहा।

औरत छनमनाई। उसके मुँह से एक नफ़रत-भरी 'हुँह' निकली।

'अगर दोगली नहीं है तो फिर इतनी साफ-सूफ क्यों है? बोल, दोगली है क्या?' मरकटवा ने फिर अपना सवाल दुहराया।

'सुर्तवाला[१] होगा तू...तेरा बाप! तेरी अम्मा सुर्तवालिन!' औरत ने झमक कर कहा।

'वाह, बड़ा सुरिल्ला बोलती है।' मरकटवा ने चुटकी ली।

औरत इस पर कुछ नहीं बोली।

'गाली देगी तो थोबड़ा पीछे घुमा देंगे, समझी। हमारा भी नाम मरकटवा है।' उसने अँधेरे में मूँछों पर ताव दिया।

औरत चुप।

'किसका पेट लिए फिर रही है?' मरकटवा ने डिबिया में से खैनी निकाली और हथेली पर मलने लगा।

'तेरा तो नहीं है न!' औरत ने भड़क कर कहा।

'चुप बुजरी! मेरा कैसे होगा?' उसने खैनी ठोंकी तो बरगद पर गादुर फड़फड़ा कर उड़े।

'किसने कहा था कि औरत बेसाह के लाओ? एँ?' औरत बोली।

'वो-तो बाबू का धन्धा है।' मरकटवा पैर फैला कर बरगद के एक दूसरे तने से टिक गया।

'अरे, ढोला[२] पड़ेगा—ढोला। देख लेना।' औरत ने कहा।

'काहे सराप रही है? हमने कहा था कि हमल ले के पधारो!' मरकटवा ने धीरे से कहा।

'तो काहे को ले आया तेरा बाप? हुँअँ जाँच-परख लेता?'

'तेरे पेट पर हाथ लगा के देखते? पतोहि[३] लाने गये थे!'

---

१. सुर्तवाला=वर्णसंकर। जो सुरति (मात्र स्मृति) या श्रुति (कान) से पैदा हुआ हो। 'महाभारत' में कर्ण का प्रसंग। कुन्ती मात्र स्मृति से किसी भी देवता को निमंत्रित कर सकती थी। या कि जिसके जन्म के बारे में श्रुति (जनश्रुति) हो।

२. ढोला=कीड़ा

३. पतोहि=पुत्रवधू (पुत्त-वहू-पत्तोहू-पतोह-पतोहि।)

'बड़ा चला है पतोहि लाने! आदमी है कि बनरसाँड़? थू:!' औरत ने पिच्च से जमीन पर थूक दिया।

'गाली बक रही है। भोगेगी।' मरकटवा ने सान्ती से धमकाया।

'और कैसे भोगते हैं?' औरत बोली।

'लिखी है तेरी गज्जन!' मरकटवा को जैसे मजा आ रहा था।

'माचिस है क्या?' औरत ने सहसा पूछा।

'माचिस क्या करेगी?' मरकटवा चौकन्ना हो गया।

'हाथ-पैर गला जा रहा है। आँखी फूटी है तुम्हारी?' औरत ने कहा।

'फगुनहट है, और तेरा हाथ-पैर गल रहा है!' मरकटवा बोला।

लेकिन फिर उसे ध्यान आया। चलते बखत अम्मा ने उसकी चद्दर भी झपट ली थी। ओह, ये तो जादती है। बाबू को तो कुछ बियापता नहीं, लिकिन अम्मा? वो तो औरत है। लिकिन आजकल औरतें ही औरतों से ज्यादा खार खाती हैं। किंतना दरबेसा बेचारी को! और उस पर भी इस हालत में? हमीं लोगों के डर के मारे तो मिनकी नहीं गरीब! नहीं, एके हाथ में माई मुँह में माटी लेंइ लेतीं। क्या दुनिया है—मरकटवा ने थोड़ा पछतावे के भाव से सोचा—अइसी सुभेख मेहरारू...एक ठो हमल के खातिर! किसी का भी हो, उसको कइसे दोख लगावैं? हमारा तो मन थाऽऽ! एक ठो दुसरे का भी पल जाता। जादा चिल्लाते लोग तो जाति-कुजाति करते, बाकी ऐसी नैनसुख नार...हाथ से तो न जाती!

अरे, है कि नहीं मरकीलौना[१]?' औरत ने चिड़चिड़ाते हुए कहा।

'है, है।' मरकटवा ने अबकी गाली पर धियान नहीं दिया। वह उठा और चोरबत्ती के उजाले में खर-पतवार बटोरने लगा। फिर उसने आगी जलाई और बोला, 'आज्जाओ।'

औरत सींकड़ घसीटती हुई अलाव के पास आयी और बैठ गयी। आग की लपटों में उसने अपनी दोनों हथेलियाँ डालीं और निकाल लीं। फिर सींकड़ वाला पैर और फिर दूसरा। धुएँ से बचने के लिए उसने अपनी गर्दन पीछे की तो माथे का आँचल सरक गया और रोशनी में उजला, हड़ीला मुख झलक उठा। मरकटवा ने पहली बार उसे इस तरह खुला-खुला देखा। उसे अपने माँ-बाप पर गुस्सा आने लगा। मन में उमड़ती हुई गालियों को उसने रोका और जैसे दुख और बेबसी से मुरझा गया।

'जल्दी से ताप लो तो आगी बुझा दें।' मरकटवा ने नरमी से कहा।

'काहे?' औरत ने पूछा।

---

१. **मरकीलौना**=भोजपुरी में एक गाली।

'उजियार देख कर उधर, उस पार के गाँव-गिराँव के लोग समझेंगे, बनकटे में चोर-चिकार कौनो 'प्लान' बना रहे हैं।'

'तो और का हो तुम लोग? चोर-चिकार नहीं हो? डोम हो। हतियार हो। उससे भी बढ़ के हो।'

'अच्छा, बस-बस। एमें हमार का दोस है? बोल तो?'

'अरे, तूँ का मरद नहीं है? अपनी अम्मा का दुद्धू पीता है? चाहे बेंच-कीन के ही सही, हम तेरी घरवाली बन के आईं थीं। और तूँ देखता रहा? निकल जाने देता। हम चलीं जातीं। कतहूँ नदी-इनार फान जातीं। बाकी, तूँ तो सच्चा भँड़वा है। उस हरामी के कहे से हमें ई जंगल-झार में सींकड़ से छाने है। हम कौनो जनावर हैं कि भागि जाते? और फिर पेट में नौ महीने का बागड़-बिल्ला ले के, का हम रेल बन जाते? कि हवाई-जहाज बन जाते? का बन जाते? कि उड़नछू हो जाते? बोल?' औरत एक सुर से बोले जा रही थी।

'बाबू के आपन पइसा वापिस चाही, बस। ऊ जौन कहेन तौन हम किया। बाकी हमसे पूछो तोओ?'

'तोसे का पूछी? तूँ पूछे लायक हो?' औरत ने एक बड़ी-सी 'हुँह' निकाली और अपना आँचल माथे पर खींच लिया।

सिऊ मँहतो से बड़ा शातिर खिलाड़ी इस धन्धे में दूसरा न था। अब तो उमर गुज़र गयी। चढ़ती जवानी में ही वह इस धन्धे में आ गया था। अपने ही गाँव के लेंड़ी मँहतो उसे इस धन्धे में लाये थे। सिऊ मँहतो उनको अपना गुरु बाबा मानता है और धन्धे पर रवाना होने के पहले गुरु बाबा की औसेरी[१] लेता है। चोरी का पहला पाठ लेंड़ी मँहतो ने कुछ यों पढ़ाया था—'अपने गाँव-जवार में चोरी कभी मत करो। हितई-नतई बक्से रहो। किसी का बिस्सास न करो। चोरी का इलाका बदलते रहो। फँस जाओ तो आराम से जेहल काटो। जेहल में सान्ती से रहो। हमेसा मरियल दिखो। दोसरे के आगे दीन-हीन बनि के दाँत चियारते रहो। कभी सान मत बघारो। कभी सहको मत।' वगैरह वगैरह। तो इस सिच्छा के बाद लेंड़ी मँहतो ने सबसे पहले सिऊ मँहतो को गाय-बैलों की चोरी में लगाया। लेंड़ी मँहतो का कहना था कि गाय-गोरू छोरने से हाथ साफ़ होता है। बदन में फुर्ती आती है। चोर की बुद्धी खुलती है। लेंड़ी मँहतो कहते थे कि पक्के चोर को गु-खउके कउए की तरह होना चाहिए। माने, जितनी दफ़े गलती करेगा उतना ही पोढ़ा होगा। कुछ ही दिनों में सिऊ मँहतो बैल खोलने में माहिर हो गया। लोग

१. **औसेरी**=देवता को अपने भीतर स्थापित करने की एक तांत्रिक क्रिया। (अवस्मृति)।

अपने बैलों के आसपास खटिया बिछा कर लेटे रहते और सिऊ मँहतो खूँटे पर से उनको ग़ायब कर देता। रातों-रात गंगा हेला कर उस पार पतलो के जंगल में बैल छिपा दिये जाते। फिर सिऊ मँहतो मुस्की काटता हुआ मालिक के दुआरे हाजिर होता।

'तनी इधरे से हितई जा रहा था, सोचा बड़का मालिक के दरसन करते चलें।' सिऊ बोलता।

बैलों के मालिक को सिऊ मँहतो का आना वरदान जैसा लगता। वह सिऊ मँहतो के सामने अपना दुखड़ा रोता। सिऊ झूठ-मूठ ही एकाध दिन के लिए ग़ायब हो जाता। फिर लौट आता।

'मालिक, पनहा[१] तनी भारी पड़ेगा।' वह कहता।

'कौनो बाति नहीं।' बैलों का मालिक बोलता।

फिर फुसफुस करके फिरौती की रकम तय होती।

'राउर नमक खाये हैं, संकर जी की सवारी खोजिए के दम लेंगे।' सिऊ रुपये गँठियाता हुआ कहता। फिर दो-चार दिनों में ही दीयर से बैलों को हाँक कर मालिक के दरवाज़े पर।

उसके बाद गुरु बाबा ने सिऊ मँहतो को नक़ब लगाना सिखाया। माटी के घर में सेंध कैसे मारो, ईंट के घर में कैसे मारो—सब अलग-अलग। एक बार जब दीवार में छेद करके सिऊ ने अपनी मूड़ी भीतर डाली तो गुरु बाबा ने उसके पैर पकड़ कर बाहर खींच लिए।

'अबे, मरेगा क्या?' गुरु बाबा ने कहा।

'कइसे?' सिऊ की समझ में नहीं आया।

'सेंध में पहले पैर डालो, फिर धड़। फिर मूड़ी। मूड़ी पहले कभी नहीं। मान लो, अन्दर कोई जाग रहा हो और मूड़ी पहले डाल दी तो जम का डंडा लग गया समझो। और अगर पैर डालोगे तो पैर पर ही तो पड़ेगा। दोस्त-यार खींच कर बाहर निकाल ले जायेंगे।' गुरु बाबा ने समझाया।

इसके बाद तो सिऊ एकदम पक्का हो गया। पूरी अरियात-करियात, गंगा पार बिहार तक में उसका डगडगा बज गया। बड़े-बड़े साबिर चोर उससे जलने लगे। —हाथ हो तो सिऊ मँहतो जैसा! इतनी सफ़ाई से नक़ब लगाता है कि चिरई-चुरुङ्

१. **पनहा**=चोरी गये बैलों की फिरौती में चुकाया गया रुपया। क्योंकि नन्दी (बैल) शिवजी की सवारी है, अत: उसके चुराने वाले को **पनहा** (उपानह, जूता) दिया जाता है।

को भी पता नहीं चलता। जितने सारे कटहे कुकुर हैं, सब सिऊ मँहतो का हाथ चाटने लगते हैं। पूरे गाँव को नकटी दाई वाली जड़ी सुँघा देता है सिऊ मँहतो! लोग सोते हैं कि मुर्दा हो जाते हैं...! फिर तो सिऊ मँहतो की सागिर्दी के लिए होड़ मच गयी। तब गुरु बाबा, यानी लेंड़ी मँहतो ने एक दिन अपने पट्ठे को दरबार-हाजिर किया।

'तुम सहक रहे हो सिऊ!' लेंड़ी मँहतो ने कहा।

सिऊ मँहतो गुरु बाबा के सामने चुप ही रहा। उसने सोचा, बुढ़ऊ बउरा गये हैं। सिद्धी कुछ कम हो रही है।

'साबिर चोर को हमेस-हमेस गुमनाम ही रहना चाहिए।' लेंड़ी मँहतो ने चिलम पर दम मारते हुए कहा।

सिऊ मँहतो ने समझ लिया कि बुढ़ऊ को सब खबर है।

'नकटी दाई नराज हैं।' लेंड़ी मँहतो ने धुआँ छोड़ते हुए कहा।

'आप गये थे का महराज?' सिऊ मँहतो डर गया।

'नहीं, सपन आया था।' लेंड़ी मँहतो ने कहा।

'तब का करें गुरु बाबा? अइगा दें।' सिऊ मँहतो की हवा खिसक गयी।

'हमिता[१] बहुत है तुममें। हमिता छोड़ दो। संगी-साथी कम करो। बहुत बोम मत मारो। इलाका-बदर हो जाओ।' लेंड़ी मँहतो ने समझाया।

सिऊ मँहतो ने गुरु बाबा से बिदा लेते हुए सोचा, बुढ़ऊ, साइत, इलाका किसी और को नजर करना चाहते हैं। फिर भी गुरु का कहना तो मानना ही पड़ेगा। उसने सोचा, नकटी दाई को बकरा-कराह चढ़ायेगा। वह सीधे बनकटे में गया और दाई के थान पर सिर्दा[२] लेने लगा। उसने बार-बार मूड़ी पटकी और बकरे-कराह का घूस भाखने लगा। जब उसने सिर उठाया तो देखा कि पुलिस के सिपाही उसके चारों ओर गिर्दा बान्हे खड़े हैं।

थाने में सिऊ मँहतो की खूब जम के कुटाई हुई। बोरा ओढ़ा के उसे मजे-में थुरा गया। दूसरे दिन जब हथकड़ी-बेड़ी में झनझन करता हुआ सिऊ मँहतो कोरट में हाजिर हुआ तो उसकी एक आँख काले गुमड़े के भीतर गुम थी। जब वह अपनी इकली आँख से जज को देख रहा था तो लगा, जज साहब उसको देख कर मुस्किया रहे हैं। हमारी भी कोई सक्सियत है—सिऊ से सोचा और छाती फुला

---

१. **हमिता**= अहम्मन्यता।

२. **सिर्दा लेना**= देवता के थान पर बार-बार सिर पटक कर प्रसन्न करना।

कर खड़ा हो गया। कोरट से बाहर निकलते ही पुलिस वालों के बीच वह अकड़ कर चलने लगा।

कई वारदातों को मिला कर सिऊ मँहतो को सात बरिस की जेहल हुई।

लोगों का कहना था कि लेंड़ी मँहतो ने ही उसे पकड़वा दिया था।

बाँट-बखरे का मामला था।

जेहल काट के सिऊ मँहतो लौटा तो सीधे गुरु बाबा के यहाँ। गुरु बाबा ने हालचाल नहीं पूछा। उठकर चिलम चढ़ाने चले गये। बड़ी देर तक गुड़गुड़ी खींचते रहे, तब सिऊ को थमाया। सिऊ मँहतो ने दो-एक फूँक लेकर गुड़गुड़ी दीवार के कोने में टिका दी और इन्तजार करने लगा।

'नकटी दाई ने फिर सपन दिया है।' लेंड़ी मँहतो एकाएक बोले।

सिऊ चुपचाप उनका मुँह ताकता रहा। सोचता रहा कि न जाने अब कौन-सी बला आने वाली है।

'कि तुम अब दूसरा धन्धा आजमाओ।' लेंड़ी मँहतो ने कहा।

'हम महराज—हम?' सिऊ ने अपनी तरफ़ इशारा किया।

'हाँ, तुम्हारे लिए ही। वैसे हमने उस धन्धे में खुद भी हाथ साफ़ किया इधर। ठीकठाक है। नफ़ा भी रहा। थोड़ा सजग रहो तो काम अच्छा जाता है। बिरादरी और गैर-बिरादरी, दोनों का भला होता है। सबका भला होता है।' लेंड़ी मँहतो ने कहा।

सिऊ मँहतो जैसे उपनिषद-कालीन किसी ऋषि-आचार्य के चरणों में बैठा हो। उसे महाजिज्ञासा ने घेर लिया।

'अब जैसे देखो', लेंड़ी मँहतो ने दम मारते हुए कहा, 'अपनी ही बिरादरी में कितने दुआह-तिआह हैं! कितने ओंछड़-पोंछड़, कितने अँइचे-ताने, लंगड़-लूझ, उबरे-कुबरे! कितने अधेड़ हो गये, औरत की बू-बास नहीं पाये! कितनों की घरवालियाँ उन्हें छोड़ के परा गयीं। डोमा की औरत जनम की कुड़क्। कभी बच्चा-लरिका से रही! और बिरादरी में ही काहे जाते हो। कौनो टोला जाओ, नजर भिड़ाओ तो लौक जायेगा। कोइराने में ही कितने बूढ़-ठूढ़ हैं, लेकिन मजा मारने का मन अभी जस का तस। मेहरारू देखते ही सात हाथ की जीभ बाहर आ जाती है। और अहिराँते में? ऊ बिसनथवा है। जिनिगी भर मुग्दर भाँजता रहा, डंड-बैठक, कुस्ती। गर्दन पर धूर मलने के सिवा और कुच्छो नहीं किया। अब बुढ़घाउस लगी है। अब कहता है, 'कैसी भी हो। राँड़-बहेर, उढ़री-

फुढ़री,—बस एक ठो मेहरारू चाहिए महाराज!' ऊ बउरहा ठाकुर हैं। देखते-जानते हो? निरबंसी, परम हरामी। जमीन-जैजाति किसको देंगे? लबर पाँड़े हैं! ऊखि-रहर, डाँड़े-अरारे मेहरारुन की गम्मक सूँघते फिरते हैं। दस बिगहा खेत-बारी है। बंस चाहिए—आउर-बाउर, जैसा भी भगवान दे दें। ...काफी बड़ा बाजार है। रकम-रकम की सेल है।' लेंड़ी मँहतो चिलम की आगी उटकारने लगे।

'लेकिन कइसे होगा महाराज?' सिऊ मँहतो ने डरते-डरते कहा।

'हुनर चाहिए।' लेंड़ी मँहतो हँसे।

'हुनर का महाराज? कोनो गाइ-गोरू तो है नहीं कि हँका ले जायेंगे।' सिऊ बोला।

'इसीलिए तो हुनर चाहिए।' लेंड़ी मँहतो ने उसे कनखियों से ताका।

'संभो नहीं है गुरु बाबा!' सिऊ ने बात बूझने के लिए इनकार और असमर्थता का दाँव फेंका।

'समझ नहीं रहे हो? इसमें दोनों ओर से नफ़ा है। जिसे मेहरारू चाहिए वह तो पुजावन चढ़ायेगा ही, जो बेंचेगा उसे भी तो लालच है।' लेंड़ी मँहतो ने चिलम की सिट्ठी गिराते हुए कहा।

'माने चोरी नहीं है। माल लगाओ, जादा माल पैदा करो। ...माने कारोबार है महाराज!' सिऊ मँहतो चहक कर बोला।

'नहीं, खरीद-फरोख भी है, कारोबार भी है, चोरी-चमारी भी है। अब हुनर इसीलिए तो चाहिए कि काम कइसे बनेगा? कइसे फुसलाओगे? गुड़-मिठाई से कि पइसा-रुपया दे के। कि रो-गाके कि नौटंकी फैला के। कौन-सा चारा कामयाब होगा—केंचुआ कि आटे की गोली। कइसे मँछरी फँसेगी, सवाल ये है। इसीलिए आदमी का दिमाग पढ़ना पड़ता है। इसीलिए तो हुनर है। छोटी बच्ची हो तो गुड़-मिठाई दे के फुसलाओ। पता करो कि किस घर में कौन औरत दुख-त्रास में है। मेल-जोल बढ़ाओ। उसके दुख-त्रास से निजात दिलाने के सपने दिखाओ। साड़ी-बेलाउज दो। टटका-मीठा दो। मीठा बोलो। बेटी-मेहर बेचने वाले की नस टोते रहो। लालच दो। पइसा खिलाओ। गाँव-गिराँव में कितने घर दुख-तकलीफ़, करज-कुआम में हैं। आदमी क्या चाहता है—थोड़ा फाँफर। थोड़ा साँस लेने की जगह। थोड़ा मौज-मजा। वह हमेसा की खटान नहीं चाहता। ...तो इसीलिए हुनर है।' लेंड़ी मँहतो चुप हो गये।

'तो सिखाइए न महाराज!' सिऊ मँहतो गुरु बाबा के और नगीच खिसक आया।

'पहले जवार में घूमो। माल-बाज़ार का पता करो। मेल-जोल बढ़ाओ। देखो कि तुम्हें कुछ अन्दाज लगता है कि नहीं। लौट कर हमें रपट दो। फिर तुम्हें धन्धे पर ले चलेंगे। और फिर तुम देखोगे, मेरे हाथ की सफ़ाई।' लेंड़ी मँहतो ने कहा।

गुरु बाबा ने अपने चेले को कुछ ही दिनों में एकदम पट्ठा बना दिया। गुरु गुड़ ही रह गये, चेला चिन्नी हो गया। सिऊ मँहतो के लिए अब यह एक खेल की तरह था। हाथ की सफ़ाई थी महज। वह इस तिजारत का बादशाह था। जादूगर था वह—पूरा जादूगर। न जाने किस हिकमत से नादान बच्चियों, लड़कियों, औरतों को फुसलाता-बहकाता, उठाता या खरीद-फरोख़ करता कि लोग हैरत में पड़ जाते। इसमें पाँच बरिस की कन्याओं से लेकर चालिस-पैंतालिस की अधेड़ औरतें तक होतीं। शर्त सिर्फ़ एक ही थी कि औरत कुड़क न हो—बच्चा जन सके। ज़रूरतमन्द लोग रात के अँधेरे में सिऊ मँहतो की चिरौरी करते। अपनी ज़रूरतों की तफ़सील बतलाते। बैना-बट्टा देते। और फिर देखते कि उनके घर में एक दिन औरत के मुखड़े का उजियारा फैला है। सिऊ मँहतो कभी रेल से, कभी बस से, कभी ट्रक-ड्राइवर की बगल में बैठ कर, कभी बैलगाड़ी से, कभी खड़खड़े से, कभी पैदल, कभी तीरघाट से तो कभी मीरघाट से, कभी जंगल के पिछवारे से तो कभी ताल हेल कर, कभी नदी के कछारे-कछारे तो कभी हबड़े में से, कभी नाव से तो कभी गिनबोट से—यानी एक पक्के खिलाड़ी की तरह हर बार वह अपना मारग बदल देता।

'का हो सिऊ, ई कौन है?' कोई परिचित अगर रास्ते में पूछ बैठता।

'हमार छोटकी छँउड़ी है सरकार! राजपुर बियाही है।' सिऊ पट से जवाब देता।

अगर कभी पाँच-छः साल की छोटी बच्ची को उँगली पकड़ाये, मिष्ठान्न सुँघाता हुआ वह ले जा रहा होता तो कहता, 'हमरी बड़की बिटिअवा की लड़की है साहेब! ननिअउरे में रही है न! माई-बाप से जादा नानी-नाना से परकी है।'

कभी फूआ की लड़की होती, तो कभी पतोह, कभी सिऊ बो के ननद के जेठ की लड़की की लड़की। कभी कोई, कभी कोई। यानी कोई रिश्ता जोड़ने में सिऊ को कभी सकुचाहट नहीं होती। शुरू के दिनों में उसने छोटी-मोटी जेहल भी काटी। मार भी खायी। नुसकान भी उठाया, लेकिन इसी क्रम में वह धीरे-धीरे पक्का होता गया। हवालात में आते-जाते उसने पुलुस को पटाना सीख लिया

और जैसे ही इस क्षेत्र में उसे कामयाबी मिली, उसका काम और आसान हो गया। अब वह एक छुट्टे, मदमस्त साँड़ की तरह निर्भय घूमता था। लेकिन गुरु बाबा की एक बात उसने गाँठ बाँध ली थी—'जादा सक़को मत, किसी का बिस्सास मत करो और संगी-साथी को सक की नजर में रखो।' यही वह कनफूँका मंतर था जिसको गुल्ली में गुहाये वह धन्धे पर निकलता था। ...उसने अब तक कितने घर बसाये और कितने उजाड़े—इसकी गिनती खुद सिऊ मँहतो के पास आज नहीं है। लेकिन सिऊ मँहतो का कहना है कि वह पुन्न का काम करता है। वह औरतों का उद्धार करता है, तरन-तारन करता है। ऐसे माई-बाप, जो अपनी बेटियों का बियाह नहीं रचा सकते, जो पाई-पाई के मुहताज हैं, जिनको पेट के लाले पड़े हैं, जिनके तन पर बस्तर नहीं है, जो हरामी जीमदारों के कर्जे में हैं—उनकी वह मदत करता है।

'हेऽऽ गुरु बाबा,' वह अपने दोनों हाथ आसमान की ओर उठा कर अकेले में कभी-कभी कहता है, 'मस्त रहो, मस्त रहो। गुन दे गये। अब बैकुंठ में मस्त रहो, महाराज!'

पूरे टोले में जहाँ छान-छप्पर, खपड़ा और टिन-टप्पर के दड़बे हैं, वहीं सिऊ मँहतो का ईंटों का पक्का मकान है। आँगन में चाँपा-कल है। दुआरे पर मुर्रा भइँस बँधी है। घर में चार ही परानी हैं। बलिक 'हैं' नहीं—'थे'। सिऊ मँहतो, सिऊ बो, उनका इकलौता लड़का मरकटवा और मरकटवा बो। मरकटवा बो अब नहीं है। घर का सारा काम मरकटवा बो ही करती थी, जब तक वह थी। यानी वह आँतर देकर सारे कमरे, ओसारे और आँगन गोबर से लीपती। छत पर चिपरी पाथती, हरेठा रखती। सुबह-सबेरे जब चुनभुन चिरैय्या बोलती तो वह उठ जाती और खाँची लेकर सरेह की ओर निकल जाती। दिन चढ़ते वह मुर्रा भइँस के लिए खाँची-भर हरी दूब छोल कर ले आती। फिर भइँस धोती, सानी-पानी करती। फिर सबके लिए रोटियाँ पाथती। खिलाती-पिलाती। और फिर अन्त में जूठ-काँठ खा कर बेसुध ढनक जाती। उसका पति यानी मरकटवा दिन भर खटिया तोड़ता। सिर में पाव-भर तेल थोप कर पहर-भर नदी में बुड़की मारता। फिर चौके में बैठ कर चभर-चभर हुर लेता। फिर एक बड़ी-सी डकार ले कर खैनी गोंठियाता हुआ टोले में निकल जाता। सिऊ मँहतो धन्धे में अक्सर दिनों-महीनों ग़ायब रहता। लौटता तो सिऊ बो को तलब करता।

'कुछ सुमगुम है?' वह पूछता।

'चुप रहो, हमार जियरा न जराओ।' सिऊ बो कहती।

'जो पूछते हैं, उसका उल्टा बोलती है!' सिऊ बिगड़ता।

'हमारे तो करम ही फूटे हैं।' सिऊ बो भी चिड़चिड़ करती।

'मरकटवा को भेजती हो कि नहीं?' सिऊ जैसे पसगैबत में पूछता।

'नाहीं, राति भर मों ही छाती से छाती चपकाये सोती रहत हों।' सिऊ बो ऐंठकर बोलती।

'तो फिर? पाँच बरिस हो गये।' सिऊ मँहतो ने अपनी घर वाली की आँखों में आँखें डालते हुए कहा।

'बालू में मनभोग[१] डालोगे तो सोचते हो, मनभोग खाने को मिलेगा?' सिऊ बो ने ताना मारा।

'मेरी बात का जवाब दे।' सिऊ ने आवाज़ ऊँची की।

'बाँझ-बंजर लाये हो तो भोगेगा कौन? अब काहें चुनचुना रहे हो? कोई घंट में पानी देने वाला भी नहीं रहेगा।' सिऊ बो ने बिफर कर कहा।

'तो खदेरो हरामिन को। बंस-बरखा नहीं देगी तो कितने दिन बैठा के खिलायेंगे।' सिऊ उठ गया।

ओसारे में खड़ी उसकी पतोह सामने पड़ गयी तो उसने आव देखा न ताव, झट से झोंटा पकड़ा और आँगन में गिरा कर लतियाने लगा। ऊपर से सिऊ बो एक पीढ़ा लेकर दौड़ी और दे धबाधब, दे धबाधब। बहू ने चीखना-चिल्लाना शुरू किया। कोहराम सुन कर मरकटवा दुआरे से भदभद दौड़ता हुआ आया तो देखता है कि बाबू-अम्मा दोनों उसकी मेहरारू पर पिले पड़े हैं। वह जहाँ का तहाँ थथम गया।

'क्या कर रहे हो बाबू, मर जायेगी।' उसने दूर ही से कहा।

'चुप, सारे मउगड़े!' कहता हुआ सिऊ मँहतो घर से बाहर हो गया।

रात को जब सब ओर सूता पड़ गया तो सिऊ बो ने सिऊ मँहतो से कहा, 'इतना खरीद-फरोख करते हो! इतना जस्स है तुम्हारा...इस बाँझ का भी सौदा क्यों नहीं कर लेते?'

'चुप, बेसहूर!' सिऊ मँहतो उठ कर बैठ गया, 'धन्धा करते हैं तो करते हैं। धन्धे की बाति और है। इसके माने कि अपने घर की बहू-बेटी को ही बाजार में चढ़ा दें?'

---

१. **मनभोग**=मोहनभोग। एक प्रकार का घी-सिंचा हल्वा।

'तो ले के चाटो।' सिऊ बो बिछावन से उतर गयी।

बात टल गयी। लेकिन जो कीड़ा सिऊ बो ने डाल दिया था वह सिऊ मँहतो के दिमाग को काटता रहा। इस बीच वह धन्धे के काम से कई दिनों तक बाहर रहा। लौटा तो काफ़ी ख़ुश था। खाना खाने बैठा तो सिऊ बो बेना डुलाती हुई उसे ताड़ती रही। जरूर कोई बात है। कहीं गहरा हाथ मारा होगा। सिऊ बार-बार कौर डालते हुए सिर उठाता तो अपनी घर वाली को देख कर मुस्की काटता।

'अरे बोलो भी। बहुत नौटंकी हो गयी।' सिऊ बो ने झनक कर कहा।

'समधी जी के यहाँ गये थे।' सिऊ ने आवाज़ उठा कर कहा, जिससे चूल्हे पर रोटी फुलाती हुई उसकी पतोह सुन ले। पतोह ने घूँघट के भीतर से अपने ससुर को ताका।

'बड़े खुस थे, लेकिन सिकाइत भी कर रहे थे।' सिऊ मँहतो ने उत्सुकता जगाई।

'सिकाइत का करेंगे?' सिऊ बो चमक कर बोली।

'कह रहे थे, छँउड़ी को देखे कितने दिन बीत गये।' सिऊ बोला।

'अबकी जाते हो तो लिवाते जांओ।' सिऊ बो ने कहा।

'वही तो हमने कहा।' सिऊ मँहतो अँचवने के लिए उठ गया।

पखवारे भीतर ही एक दिन सिऊ मँहतो अपनी बहू-बहुरिया को खूब लाल साड़ी पहनाए, छननमनन ले कर निकला। रेवती टीसन से गाड़ी पकड़ी और बकुलहाँ उतर गया। वहाँ से चार कोस पैदल जाना था। दोनों आगे-पीछे चले। रास्ता एकदम निराट। कहीं कोई आदमी का जीव नहीं। कभी-कभी धूप से उकताया हुआ कोई कौवा ऊपर से काँय-काँय करता हुआ गुज़र जाता। गर्मी का महीना। डेढ़ कोस बाद पकड़ी का एक छाँहदार पेड़ था। वहीं सुस्ताया जा सकता था। तभी आगे से एक आदमी प्रगट हुआ जिसने सिऊ मँहतो को सलाम ठोंका।

'सुरेमनपुर बाजार के पिछुआरे एक माल है। सुभीते का है', उस आदमी ने कहा, 'आज ही उठा लो, नहीं किसी और के हाथ लग जायेगा। कटावन साहु का सनेस है।' इतना कहने के बाद उस आदमी ने पावलगी को और निकल गया।

सिऊ मँहतो अपनी पतोह को सुना-सुना कर बरबराने लगा—'बड़ा नुकसान हो जायेगा। बाकी, बहुरिया को नैहरे छोड़े बिना क्या कर सकते हैं! वैसे तो बड़ा

सउदा था। का बताएँ! आजकल तो हमारे कुदिन्न चल रहे हैं।' इसी तरह बड़बड़ करता वह आगे और मरकटवा बो पीछे—दोनों भरी दुपहरिया में पसीना पोंछते चले जा रहे थे। तभी वह छाँहदार पकड़ी का पेड़ आ गया। दोनों उसकी उभरी जड़ों पर अलग-अलग दिशा में मुँह किये सुस्ताने लगे। सिऊ मँहतो ने अपनी पगड़ी उतारी ही थी कि एक आदमी की आवाज़ सुनाई पड़ी—

'का हो मँहतो! ए बिकट दुपहरिया में कहँवाँ?' उसने पूछा।

'अरे, धनेसर बाबू! रउआँ ए लूह-लापट में कहाँ?' सिऊ ने मूड़ी उठा कर देखा।

'हितई से आ रहे हैं। घरे जा रहे हैं।' उस आदमी ने कहा।

'तोहरे नैहरे के हैं। दक्खिन टोला के। चिन्हतू नाहीं बहुरिया?' सिऊ ने अपनी पतोह से कहा।

मरकटवा बो ने पल्ले की ओट से उस आदमी को देखा और दूसरी ओर मुँह फेर लिया।

'धनेसर बाबू, आप त भगवान की तरह उतरे हैं।' सिऊ मँहतो ने हाथ जोड़ते हुए कहा।

'का बाति है मँहतो?' उस आदमी ने पूछा।

'अबहिंयें एक आदमी सनेसा दे गया। सुरेमनपुर बाजार में बड़ा चोख, एक ठो सउदा बाऽऽ। नहीं उठायेंगे तो बड़ा लास हो जायेगा।' सिऊ ने कहा।

'तब?' वह आदमी बोला।

'आपन तो एकरे घरे के हैं। पाछे-पाछे चली जायेगी। कौनी गँठरी-मोटरी भी नहीं है। एतने मेहरबानी चाही।' सिऊ बोला।

'अरे, एमें कौन बाति है। लिवाते जायेंगे।' वह आदमी उठ गया।

सिऊ मँहतो ने अपनी पतोह को समझाया, 'घरे के आदमी हैं। बस कोसे भर तो है। जल्दीए मरकटवा को भेजि देंगे।'

मरकटवा बो पहले तो कनमनाई लेकिन बेबस भी थी। वह रास्ता भी नहीं जानती थी। उसने चारों ओर नज़र उठा कर ताका कि कुछ चीन्ह-पहचान में आये। लेकिन वहाँ तो दुपहरिया लहर मार रही थी कि आँख नहीं ठहर रही थी। उसके लिए सब कुछ असूझ था। वह आदमी आगे बढ़ा तो वह भी उसके पीछे-पीछे चुपचाप आगे बढ़ी।

'इनके भेजि देइबि।' उसने मुड़कर पल्ले की ओट से ही अपने ससुर से कहा।

'जरूरे-जरूरे।' सिऊ मँहतो बोला।

फिर वह अपनी पतोह को एक बछिया की तरह उस आदमी के पीछे-पीछे जाते ताकता रहा। सफ़ेद चमकती दुपहरिया में धीरे-धीरे वह एक लाल धब्बे की तरह सिकुड़ती गयी, सिकुड़ती गयी। थोड़ी देंर बाद वह पीछे पलट पड़ा।

'ये बात ठीक नहीं भई बाबू।' मरकटवा को जब यह बात मालूम हुई तो उसने कहा।

'का ठीक नहीं भई? एँ?' सिऊ मँहतो बोला।

'बियाहता रही। घर-गिरहत्थी का सब काम तो उठाये थी। मजूरिन ही समझ लेते।' मरकटवा बोला।

'अब ऊहे कहाउति भै—डँस के भइलें मस, मस के भइली कुटकी, कुटकी के भक्का-भाँय। माने तोहरे बाद जग्गा मँहतो के कुर्सीनामा खतम। इहे चाहते हो न?' सिऊ मँहतो ने बिगड़ कर कहा।

मरकटवा इस पर कुछ नहीं बोला।

'ए बेटा! देखते रहो, अबकी बीछि के कइसी लाते हैं! चुरइलि अस टहटह, उज्जर।' सिऊ मँहतो अपने लड़के पर थोड़ा पसीजा।

लेकिन मरकटवा चुपचाप उल्टे पाँव लौट गया। उसने बंसी उठायी। गड़ही से केंचुए खोदे और नदी की ओर रवाना हो गया। वह दिन भर मुँड़की मारे, नदी किनारे बैठा हुआ बंसी लगाये रहा। साँझ तक दो ठो गरइआँ मिलीं तो वह बनकटे में गया। बनकटे में पहुँचते-पहुँचते घरी भर रात हो गयी। वहाँ उसने खर-पतवार बटोर कर मछलियाँ भूँजीं और खाता रहा। फिर उसने नकटी दाई के चौरे पर सिर पटक-पटक कर कई बार सिर्दा लिया और वहीं सो गया। भोर हुई तो वह बर के दोकने पर चढ़ गया और मुँह के सामने हथेलियों का भोंपू बना कर, भरपूर आवाज़ में गलगला कर चिल्लाया—'दोहाई नकटी दाई केएए! तूँ ही नियाव करिहऽऽ! हेएए माईईई!'

अपनी पतोह को इस तरह सलीके से ठिकाने लगाने के बाद सिऊ मँहतो ने मरकटवा के लिए दूसरी औरत तलाशने का अभियान शुरू किया। सिऊ मँहतो की एक ही हिंच्छा थी कि अबकी उसकी पतोह खूब गोरी हो, जिससे उसका बंस बदलि जाय। तो जैसे गाय-भैंस ठोंक-बजा के खरीदते हैं, ठीक उसी तरह सिऊ पतोह खोजने निकला। सिऊ मँहतो की माँग कुछ इस तरह हुआ करती—'हथगड़-गोड़गर हो। खुब गोरी हो। मुँहखरिया तनी ठीकठाक हो। नाक-नक्स

आँखि-कान अपनी जगह पर हो। लाज-सरम माने। सभका सोझा मुँह न खोले। हर घरी लपर-लपर जनि करे। सास-ससुर के आदर करे।' माने सरब-गुनी, सम्पन्नी। सिऊ मँहतो जहाँ जाता, अपनी पसन्द इसी तरह पहले बखानता। फिर पूछता, 'है कौनी अइसन माल तोहरे जवार में? जौन दाम परी तौन मिलि जाई। दाम के फिकिर जनि करअअ।'

'का हो मँहतो! अबकी कौनो राजा-महराजा के मेहरारू चाही का?' धन्धे का कोई आदमी पूछता।

'सच्चों बताईं?' सिऊ मँहतो लजाते हुए कहता।

'अउर का!' आदमी बोलता।

'अबकी पतोहि चाही रे, पतोहि।' सिऊ बोलता।

धन्धे का आदमी ठठाकर हँसता ही जाता।

'एमे हँसे के कौन बाति बाऽऽ?' सिऊ थोड़ा खीझ कर बोलता।

'बउरा गये हो मँहतो! अइसन तिउत्तमा कहँवाँ मिली?' सामने वाला कहता।

लेकिन सिऊ मँहतो ने आसरा नहीं छोड़ा। इसी सिलसिले में वह चनरमा सिंघ के पास पहुँचा। चनरमा सिंघ बिहार बार्डर से माल सप्लाई करते थे। माँझी इस पार, उस पार में काम बन जाता था। सिऊ ने उनसे भी अपनी तिउत्तमा के गुन बखाने।

'है तो ऐसा एक माल।' चनरमा सिंघ ने कहा।

'है?' सिऊ मँहतो की घेंचू आगे निकल आयी।

'बाकी, थोड़ी दूर पर है।' चनरमा सिंघ बोले।

'अरे, बाऊ साहेब! चन्द्रलोक-सुरुजलोक, जहाँ भी हो, खन के निकाल लीजिए।' सिऊ बेताब हो उठा।

'उदासी जी की मठिया पर है।' चनरमा सिंघ ने फिर कहा।

'कौनो भगतिन है का?' सिऊ मँहतो का मुँह थोड़ा बिगड़ गया।

'नहीं मँहतो, इहाँ खतरा था, इसीलिए उदासी जी के पास रख दिया। अपने माल है। देसावर से लाये थे—तराई से।' सिंघ बोला।

'त उदासीओ जी 'गैंग' में सामिल हो गये। बाह रे बाऊ साहेब!' सिऊ खुश हो गया।

'कबले चाही?' बाऊ साहब ने पूछा।

'जेतना जल्दी हो सके।' सिऊ बोला।

'बाकी, मठिया के मालपुआ चाभि के तनी मोटा गयी है।' चनरमा सिंघ ने कहा।

'सब मोटाई झरि जाई महराज, चिन्ता जनि करें।' सिऊ ने कहा।

'वैसे किसी के सामने नहीं पड़ती। बड़ी सुलक्षणी है बेचारी!' सिंघ साहब ने अपनी गम्भीर आवाज़ में कहा।

'ई तो और भी अच्छी बाति है। मरकटवा के माई उघार-ओतान पसन्द नहीं करती।' सिऊ बोला।

'ठीक है, आजे मँगवा लेते हैं।' चनरमा सिंघ ने कहा।

'मँगवा क्या लेते हैं, हुँअईं से उठा लेते हैं।' सिऊ ने कहा।

सिऊ मँहतो जब अपनी होने वाली पतोह को ले कर बस में बैठा तो उसे बड़ा अजब-गजब लगा। औरत काफ़ी मोटी-ताजी थी लेकिन उसकी बाहें, जो चादर में से कभी-कभार झलक जातीं, काफी दुबली और पीली। औरत बस में दाब-ढाँक कर बैठी थी। इसलिए कहीं से भी उसे पूरी तरह देखा नहीं जा सकता था। और फिर सिऊ मँहतो इस बार माल नहीं, अपनी पतोह ले जा रहा था। वह थोड़ा-थोड़ा सकुचा भी रहा था। बस से उतरते समय सिऊ तेज़, काँइआँ निगाहों से औरत को लखता रहा। बहू ले जानी थी, अतः उसने औरत को बस-स्टेशन पर रोका और सामने की दूकानों के पीछे से डोली वालों को आवाज़ दी। फिर उसने पतोह को डोली में बैठाया और पीछे-पीछे दुलकी लेते हुए चलने लगा।

'बहुरिया बड़ी भारी हैं।' एक कहार ने ठिठोली की।

'खाई-पी हैं।' सिऊ मँहतो ने कहा।

'ऊहे तअ।' कहार ने ठेका लगाया।

आँगन में जब डोली उतरी तो टोले की औरतों का एक पूरा हुजूम भरभरा कर उतर आया। छोटी-बड़ी कुँवारी लड़कियाँ, खाँची लिए काम पर जाने को तैयार बहुएँ, कुटनी बुढ़ियाँ, ढींढ़ निकाले मरियल, नंग-धड़ंग बच्चे, सिऊ बो के चाँपाकल से पानी भरने आयी औरतें— सभी बहुरिया की एक झलक पाने के लिए आँगन में आ कर ठड़ी हो गयीं। 'पता नहीं, किस अभागिन के भाग में अब सिऊ बो लिखी हैं। दिन-रात की खटान और थुरान अलगे से। पहली बेचारी

कुआँ-काँदो से बची तो जाने किस घाट लगी! जौन कठकरेजी आपन बेटी दिया ओके नरको में ठेकाना ना मिली।'—यही सब सोचती हुई औरतें गोल बाँधकर फुसफुस कर रही थीं।

सिऊ बो ने परिछावन किया और पतोह को डोली से उतरने को कहा। अभी चार दिन बाद गँठजोरा की साइति है। तभी बिरादरी को भोज-भात और पंचन का फासिला। कौन बोलेगा सिऊ मँहतो के खिलाफ़?

'उतरो बहुरिया।' सिऊ बो ने थोड़ा झुँझला कर कहा।

लेकिन औरत को उतरने में जैसे तकलीफ़ हो रही थी। उसने सँभाल कर अपने दोनों पैर पहले बाहर निकाले।

'ए बाबा! अइसे डोली से उतरते हैं!' भीड़ में से एक औरत बोली।

कई औरतें आँचल मुँह में ठूँस कर अपनी हँसी रोकने का प्रयास करने लगीं।

दुलहिन हाथों को पीछे टिका कर धीरे-धीरे उठ खड़ी हुई।

सिऊ बो उसको इस तरह उतरते देख कर झल्लाई। आँगन की ठठ् भीड़ की ओर उसने अपनी आँखें तरेरीं। फिर उसने कमर के पीछे हाथ लगा कर कुछ इस तरह टोया, जैसे सहारा दे रही हो। वह जैसे फँस गयी हो। उसका पारा धीरे-धीरे चढ़ने लगा। घूँघट के भीतर से औरत का पीताभ, हड़ियल और ढलवाँ मुख झलक उठा। और आँखें—जैसे सदियों से न सोई हों।

'बड़ी दूबर है बेचारी!' किसी औरत के मुँह से निकला।

'खाली मुँहखरिये दूबर बाऽऽ। नीचे से खूब मोट है कि...।' किसी और ने कहा।

गाँव-भर की मुँह-फूहर डोकी फूआ भी ठेंगुरी लिए, आँगन में ठड़ी-ठड़ी लख रही थीं। सिऊ बो दुलहिन को लिए-लिए जब भीतर जा रही थी, डोकी फूआ उसकी पीठ पर आँखें गड़ाये रहीं। 'ठीके बाऽऽ,' उन्होंने आँगन से बाहर आते-आते कहा, 'काँचीओ[१] के इतिजाम बाऽऽ।' वे बड़बड़ करती बाहर निकल गयीं।

'आहि ए दाँओं...ई कवन लच्छन?' कई औरतों के मुँह से अलग-अलग फुसफुस में एक ही आश्चर्य कनकना कर बाहर निकला।

घर के भीतर जाते ही सिऊ बो के तन-बदन में आग लगा गयी। उसने बहरी केवाड़ी बन्न की और झटके से कोहबर में पहुँची। उसने बहुरिया की लाल चद्दर

१. **काँची**=मेवे और सोंठ डालकर बनाया गया एक विशेष प्रकार का हल्वा, जच्चा के लिए।

खींच कर फेंक दी। औरत रूपी बहुरिया, रूपी दुलहिन, रूपी पतोह, रूपी मरकटवा की नयी-नवेली मेहरारू अपनी इस तथाकथित नयी सासु जी को निहारती रही। सिऊ बो की आँखें फटीं तो फटी ही रह गयीं। फिर उसने अपने माथे पर दोहत्थड़ मारा और दहाड़ मार कर रोते हुए चिल्लाई—'आहि रे हमार करमवाँ! ए मरकट के बाबूऊऊ!'

सिऊ मँहतो दुआरे से दौड़ा-दौड़ा आया।

जब उसे सत्य का संज्ञान हुआ तो वह सन्न रह गया।

उसने तुरन्त तय किया कि या तो माल फेरना है, या बोली लगानी है। और इसमें देरी नहीं करनी है।

दो घड़ी रात चढ़ते ही उसने मरकटवा को उठाया।

'बड़का वाला सींकड़ करिहाइ में लपेटि ले।' सिऊ मँहतो ने कहा।

'सींकड़ का होई बाबू?' मरकटवा ने अपनी बाल-जिज्ञासा प्रकट की।

'तोरे गँड़िया में डाले के बाऽऽ।' सिऊ खुन्साकर बोला।

उधर सिऊ बो अपनी पतोह के 'बिदाई-समारोह' में लगी हुई थी। लेकिन औरत थी कि काठ की तरह चुप थी।

थोड़ी देर बाद आगे-आगे सिऊ, बीच में बहुरिया और पीछे-पीछे सतुआ-भूँजा गँठिआये, पानी की मेंटिया लाठी में टँगाये मरकटवा बनकटे की ओर चले।

बनवास का यह अनोखा नज़ारा था।

भोर की पहिली लाली के साथ ही सिऊ मँहतो बनकटे में लौटा।

'सब ठीकठाक है?' उसने पूछा।

'क्या हुआ बाबू?' मरकटवा ने पूछा।

'चनरमा सिंघ नम्बरी फेलबाज है।' सिऊ ने कहा।

'हम पहले ही जानते थे।' मरकटवा ने रोंवाँ गिरा दिया।

'हाँऽऽ, तुम तो अन्तरजामी हो!' ...लदभेसर[१] कहीं का!' सिऊ ने चिढ़े हुए कहा।

रतजगे के कारन मरकटवा को बार-बार नींद के झोंके आ रहे थे।

सिऊ ने देखा कि औरत के एक पैर के गोड़हरे में सींकड़ फँसा हुआ है और वह बेसुध सो रही है।

---

१. **लदभेसर**=भोलाभाला। जो दुनियादार न हो। माँ-बाप का दुलारा। सिर्फ़ भर पेट खाने और लम्बी तानने वाला। आलसी। खूब मोटा। जिसका पेट बेडौल हो।

'अब का करोगे बाबू?' मरकटवा बोला।

'हम अभी जाते हैं। आठ-दस कोड़बाजों[१] को सनेस दे आते हैं। पसन्न तो आ ही जायेगी। रात में ही आयेंगे। किरन फूटते ही तुम इसको ले कर, उधर पुरनकी अन्हरिया में लुका जाना। कहीं कोई सुगबुग न हो। देखना, चना-चबैना कर लेना। इसे भी दे देना। न खाये तो जोर-जबर्जस्ती। माल मुरझाना नहीं चाहिए।' सिऊ मँहतो ने सोयी हुई औरत को देखते हुए कहा।

'हमें तो उँहाई आ रही है।' मरकटवा ने छोटे बालक की तरह कहा।

'खबरदार जो सोये तो?'—सिऊ ने डाँटा, 'सोने के लिए जिनिगी पड़ी है।' फिर वह मुड़ा और कछार में उतर गया! मरकटवा उसकी पीढ़े जैसी चौड़ी-चकली पीठ को ताकता रहा।

कछार में हिंगुआ के हरे-हरे काँटे थे। सिऊ मँहतो उनसे बच-बच के चल रहा था। चनरमा सिंघ की बात उसके करेजे में अगिनबान की तरह गड़ी हुई थी। लेकिन वह क्या कर सकता था? ऐसे रोजगार में कोई लिखत-पढ़त तो होती नहीं कि इस्तगासा दाखिल कर दोगे। जबान की बात होती है। अब कोई जबान से फिर जाय तो उसका तो कोई दोख नहीं। उसने तो बिस्सास पर सौदा किया था। हर बार करता है। जिनिगी भर से कर रहा है। बाकी, कोई कोड़बाज दगा नहीं किया। लेकिन चनरमा सिंघ कर गये। वह सिर्फ़ मिनती कर सकता था। लेन-देन का हवाला दे सकता था। सो, उसने दिया।

'हमारा-आपनका बहुत पुराना रसम-रसूख है बाऊ साहेब!' उसने हार कर कहा।

'सो तो है। और आगे भी रहेगा। बाकी, सौदा-सुलुफ में फेरबदली नहीं। और फेर भी लें तो कहाँ सप्लाई करेंगे हम? इस लायक कहाँ है वह?' चनरमा सिंघ ने कहा।

'लायक-बेलायक तो आप जानें सरकार! आपने भी तो हमें बेलायक ही दिया। माँगा था क्या और धरा दिया क्या!' सिऊ ने दबी ज़बान से अपनी बात पेश की।

---

१. **कोड़बाज**=औरतों की ख़रीद-फ़रोख्त करने वाले या उन्हें चुराने, फुसलाने, बहकाकर भगा ले जाने वाले दलाल। ये, वे लोग होते हैं, जो ब्याह-शादी कराने के लिए यह धन्धा करते हैं। क्योंकि ये इज्ज़त पर कोड़े लगाते हैं, अत: भोजपुरी में इनके लिए शब्द है—कोडबाज।

'अरे, तुम्हें तो जमाने-ऊपर गुनवन्ती नार चाहिए थी! तो दिया कि नहीं?' चनरमा सिंघ ने हड़काया।

'पतोह चाहिए थी मालिक, गाभिन गाइ नहीं।' सिऊ ने पैंतरा बदला।

'पतोह चाहिए थी तो सन्तान के लिए ही न। एक ही सउदे में तुम्हें तो दूना माल मिला मँहतो!' सिंघ साहेब हँसे।

'सन्तान आपन बुन्द से चाही न मालिक!' सिऊ ने समझाने की कोशिश की।

'आपन बुन्द?' चनरमा सिंघ ने तेवर बदले।

'अब ई तो जग-जाहिर वाली बात है न सरकार! रिसी-मुनी कहि गये हैं।' सिऊ ने शान्त भाव से कहा।

'आपन बुन्द क्या होता है बे?' चनरमा सिंघ खटिया से उठ गये।

'मालिक, हँसी काहें कर रहे हैं?' सिऊ ने सोचा, मामला कहीं बिगड़ न जाय।

'तूँ लोग आपन बुन्द से पैदा हुए हो?' चनरमा सिंघ ने उसी तेवर में कहा।

'बस-बस मालिक! ई सब सुने खातिर हम नहीं आये हिंयाँ।' सिऊ उठ कर खड़ा हो गया।

'तो चले जाओ।' चनरमा सिंघ ने कहा।

'जाते हैं, जाते हैं।' सिऊ बोला।

'कि तोहार बिदाई करें!' सिंघ ने फिर कहा।

'बाकी, ठीक नहीं है।' सिऊ बोला।

'क्या बोला?' बाऊ साहब तन गये।

'धन्धे में बदकारी निमाफ़ है बाऊ साहेब!' सिऊ उठा और चला आया।

उसने नहीं सुना कि चनरमा सिंघ पीछे का-का भड़क रहे हैं।

'कौने कुघरी में ई सउदा किया बलेस्सरनाथ!' वह चलते-चलते भुनभुनाया।

'हेऽऽ, उठो।' मरकटवा ने औरत के पैर में बँधे हुए सींकड़ को थोड़ा झटका दिया।

औरत उठ कर बैठ गयी और मुचुर-मुचुर इधर-उधर देखने लगी। उसे पिछली रात का ध्यान आया। बदन में जगह-जगह दरद हो रहा था। बच्चा पेट में कुलाँचें भर रहा था। औरत ने पेट पर हाथ रखा। उसे लगा, कभी उसका सिर है, कभी बँधी हुई मुट्ठियाँ, कभी नन्हें-नन्हें पैर। वह अपने सनातन खेल में मगन था। उसके लिए सबेरा हो रहा था। दिन उग रहा था। वह माँ की राक्षसी यातना

से बेख़बर था। औरत बार-बार उसके खेल पर अपनी हथेलियाँ उस ओर सरकाती, जहाँ-जहाँ वह अवतरित हो रहा था। दर्द और टूटन से उसका चेहरा ज़र्द पड़ गया था और सुबह की पहली धूप में यों लगता था, जैसे सरसों के फूलों को पीस कर उसके चोहरे पर लेप दिया गया हो। फिर भी वह मुस्कुरा रही थी। उसके लिए वह सिर्फ़ उसका बच्चा था—उसके हाड़-मांस, ख़ून-पसीने, उसके दुख-दर्द, हिक़ारत-अपमान से बना हुआ, पला-पुसा। और वह ज़िन्दा था और खेल रहा था।

कभी-कभी उसे लगता है कि वह लगातार सोई हुई है। और यह सब कुछ सपने में चल रहा है। दो-अढ़ाई बरिस हो गये और उसकी नींद खुलने का नाम ही नहीं लेती। उसे लगता है कि जब वह नींद से अँगड़ाई लेती हुई उठेगी तो माँ के बिछौने पर होगी। वह ज़ोर से चीख़ेगी तो माँ दौड़ी हुई आयेगी। माँ को देखते ही उसे लगेगा कि वह सपना देख रही थी। धीरे-धीरे उसका डर दूर हो जायेगा। माँ बार-बार पूछेगी कि वह इतने ज़ोर से चिल्लाई क्यों? लेकिन वह कुछ नहीं बतायेगी। इतने डरावने सपने को बताने में भी डर लगेगा। ...लेकिन यह कभी न खुलने वाली नींद, आख़िर कब खुलेगी? वह कितनी कोशिश करती है, लेकिन सपना है कि खतम ही नहीं होता, और बढ़ता ही चला जाता है।

'उठो, उधर अन्हरिया में चलते हैं।' मरकटवा ने उसको ताकते हुए कहा।

'थोड़ा थाम लो हमको।' औरत ने जैसे सब कुछ भूलते हुए कहा।

सींकड़ हाथ में लपेटता हुआ मरकटवा आगे बढ़ा। औरत ने अपने दोनों हाथ ऊपर उठाये। मरकटवा ने सींकड़ अपने कन्धे पर डाला और उसके दोनों हाथ थाम कर ऊपर उठाने लगा—'मजे-मजे से ठड़ी हो—हाँऽऽ।' उसने कहा।

'अब किस नर्क में जाना है?'औरत ने बेझिझक मरकटवा का मुँह ताकते हुए कहा।

'उधर, अन्दर अन्हरिया में। बताया तो।' मरकटवा बोला।

'अन्हरिया क्या?' औरत ने पूछा।

'उधर भुतहवा नारे में जो जंगल है न, वहाँ दिन में भी अन्हार रहता है। उसी को अन्हरिया बोलते हैं।' मरकटवा ने समझाने के लहजे में कहा।

'उधर क्यों?'

'दिन में यहाँ कोई आ जाय तो।' मरकटवा आगे-आगे चलने लगा।

घनी झाड़ियों के बीच से रास्ता बनाते हुए वे उस सूखे नाले में हेंठियाने लगे। भीतर और गहरा सन्नाटा था। वहाँ बनकट के फूलों की तीखी मँहक थी,

जिनके इर्द-गिर्द छोटी-पीली तितलियाँ उड़ रही थीं। काफी नीचे उतर कर वे एक जगह रुके। जहाँ रुके वहाँ आछी का एक छोटा-सा, लेकिन सघन पेड़ था। वहाँ ढेर सारी भुरभुरी ठण्डी मिट्टी दिखाई दी। उसी के बगल में एक भकन्दर बिल दिखाई पड़ा।

'साही का बिल है।' मरकटवा ने इधर-उधर बिखरे साही के काँटे उठाये और उन्हें परखता रहा। —'जानती हो', उसने औरत को साही के काँटे दिखाते हुए कहा, 'जिस घर की दीवार में साही का काँटा खोंस दो, वहाँ महाभारत मच जाता है।'

'महाभारत तो मचा ही हुआ है।' औरत भुनभुनाई।

'क्या बक रही है?' मरकटवा ने पलट कर देखा। उसने काँटे बीन कर दूसरी ओर फेंक दिये। भुरभुरी मिट्टी को पैर से फैला कर बराबर किया और बैठ कर खैनी मलने लगा।

'ये तो जइसे तोसक बिछा है।' उसने भुरभुरी मिट्टी पर बैठने का मजा लेते हुए कहा।

'एकदम जनावर हो तुम लोग।' औरत बोली।

खैनी मलते हुए उसने कन्खियों से औरत को देखा जो अभी तक खड़ी थी—'डरो मत। साही अपना बासा छोड़ गयी है।' उसने कहा।

औरत ने आछी के तने का सहारा लिया और धीरे-धीरे बैठने लगी। जब पूरी तरह बैठ गयी तो उसके मुँह से अनायास ही निकला—'हेऽऽ धरती माई!'

'ई जगह अच्छी है न?' मरकटवा ने संवाद चालू रखने की गरज़ से कहा।

'मुझे ढाठी[१] दोगे क्या?' औरत ने अपने पेट पर वहाँ हाथ रखा, जहाँ बच्चा बार-बार हुड़क मारता हुआ प्रगट हो रहा था।

'पागल हो क्या? बाबू को अपने रुपये की फिकिर है कि नहीं?' मरकटवा हँसा।

'तब काहे को लाये हो?' औरत ने पूछा।

'बाबू कोड़बाजों को खबर करने गये हैं।' मरकटवा ने निर्विकार भाव से कहा।

'कोड़बाज कौन?' औरत सिहर गयी।

'तुम्हारे ऊपर बोली लगायेंगे न!' मरकटवा बोला।

'हमें फिर बेंचोगे?' औरत ने सवाल किया।

---

१. **ढाठी देना**=गर्दन के ऊपर-नीचे दो लाठियाँ रखकर उन्हें इस तरह दबाना कि आदमी मर जाय। हत्या करना।

'अब क्या फरक पड़ता है! जइसे एक घन, वइसे सौ घन। लेकिन तुम बकबक बन्द करो तो!' मरकटवा ने आवाज़ थोड़ी ऊँची करते हुए कहा, 'और सुनो, हमको उँहाई आ रही है। जरा टानक लेता हूँ। बाबू की खुरखुर लगे तो आवाज लगा देना, नहीं बिगड़ेंगे।' मरकटवा ने सींकड़ को अपने पैरों में लपेटते हुए कहा।

वह तुरन्त ही पसर गया और कुछ ही पलों में खुर्राटे लेने लगा।

'क्या सुखनिंदिया है!' औरत ने उसे देखते हुए सोचा।

अब तो वह मनाने लगी है कि यह सपना ही हो। क्योंकि सपना नहीं होगा तो जियेगी कैसे?... लेकिन तभी एकाएक उसे अपने चचिया ससुर का राक्षसी चेहरा याद आता है। फिर उसे लगातार ओकाई आ रही है। ओकाई बन्द ही नहीं होती। चचिया ससुर उसे उसके बाप के घर छोड़ आता है। लेकिन बाप दूसरे ही दिन फिर उसे उसी गाँव के पिछुआरे छोड़ आते हैं। वह बहुत रोती-कलपती है लेकिन कुछ नहीं होता। बाप कहते हैं, 'जेकर पाप वही सँभारे। हमारे लिए तुम मर गयीं। चाहे कुआँ में परो, ऊफरि परो।' वह बहुत सोचती है कि कहीं कुआँ-इनार फान ही जाय। लेकिन उसे डर लगता है। तब रात के अँधेरे में लुकते-छिपते वह फिर अपनी ससुराल का वही दरवाज़ा खटखटाती है। दरवाज़ा वही राक्षस खोलता है और ग़ुस्सा होने की जगह मुस्की मारता है और उसकी बाँह पकड़ कर दरवाज़े के अन्दर कर लेता है।

वह इधर-उधर देखती है। वन में खाली साँय-साँय है। और एक आदमी की चिंघाड़ती हुई नाक। उसे लगता है, उसे फिर ओकाई आने लगेगी।

वह बुरी तरह अफनाने लगती है। क्या वह सींकड़ खोल दे और चुपके से भाग निकले? वह इधर-उधर देखती है। लेकिन वह कितनी दूर जा सकेगी और पकड़ी जायेगी? वह हताश हो जाती है। न जाने कब उसे अपनी दुनियाँ में लौटने का समय आयेगा? आयेगा भी कि नहीं? क्या वह इस बच्चे को जनम देने में ही चल बसेगी? वह अपने पेट को छू-छू कर देखती है। वह बार-बार अपने चारों ओर देखती है—चढ़ती दोपहर का चटख़ नीला आसमान, हवा के झोंकों में आछी के पत्तों की सरसराहट, बनकट और पलाश और एकवन की झाड़ियों का हवा के सर्राटे से बार-बार झुकना और एक अजीब-सी आवाज़—सर्र-सर्र, सर्र। यह दिन का अँधियारा और बगल में साही का खोखल। दूर नीचे, नदी का कछार और उस पार कहीं चालू पम्प-सेट की पुक्-पुक् की आवाज़। और यह छुट्टे भैंसे की तरह

मोटाया आदमी, जो उसके गोड़हरे में फँसाये सींकड़ को अपनी घुट्ठी में लपेट कर सो रहा है और खुर्राटे ले रहा है।—यह सपना ही है। ज़रूर है। सपने में ही यह बच्चा है जो बार-बार उसके पेट पर ऊँची-नीची जगहें बनाता हुआ उगता है और फिर कभी इतना चुप हो जाता है कि उसके सन्नाटा खींचने से ही उसे डर लगने लगता है। उसे दर्द होने लगता है। वह उठ कर घूम-फिर भी नहीं सकती। फिर वह पस्त पड़ जाती है। और इस छल के प्रकट होते ही, कि नहीं, जो उसकी आँखों के सामने है, पिछले बरसों जो कुछ हुआ है, वह सपना नहीं है। तब उसकी आँखें फटी की फटी रह जाती हैं।

उसके सपने में एक अच्छी जगह भी थी—जब वह भगत जी के पास थी। कितने दिन? आधे अगहन बीते वह पहुँची थी। और अब फागुन-चैत है। तब उस अँधेरी रात में उसके चचिया ससुर ने उसका सौदा चरनमा सिंघ से किया था। —वहीं मठिया के पिछुआरे। अँधेरे में खड़ाऊँ पहने, चोरबत्ती लिए मठिया के महन्थ उदासी जी आये। उन्होंने चोरबत्ती जला कर सभी को देखा—उसके चचिया ससुर को, चनरमा सिंघ को और फिर उसे, जो डर के मारे कंठ में रुलाई रोके खड़ी थी।

'यह आदमी तो धन्धे का नहीं है?' उदासी जी ने उसके चचिया ससुर पर लाइट फेंकी।

'औरत का ससुर है महन्थ जी!' चनरमा सिंघ बोला।

'कोई खतरा तो नहीं करेगा?' उदासी जी ने कड़कदार आवाज़ में पूछा।

'नहीं महाराज! निसाखातिर रहें।' चनरमा सिंघ का जवाब था।

'तो इसको दाम दे दो।' महन्थ जी पलट कर मठिया की सीढ़ियाँ चढ़ने लगे।

'महाराज एक ठो अउरो अरज है।' चनरमा सिंघ ने कहा।

'अब क्या है?' उदासी जी पलटे।

'हमारे घर में लड़का-बहू आये हैं, हबड़ा से।' चनरमा सिंघ बोला।

'तब?'

'अभी इसका कहीं और ठेकाना करना होगा।'

'अच्छा तो ये बात है। बाकी, खबर न हो कि मठिया में माल रखा जाता है।' उदासी जी ने कहा।

'राउर हुकुम है बाबा, एतने बहुत है।' चनरमा सिंघ ने कहा।

'नगीन दास! ए नगीन दास!' उदासी जी ने अँधेरे में हाँक लगायी।

मठिया के पिछुआरे, जिधर गोशाला थी, वहीं से एक बूढ़ा-खंखड़ साधु अपनी छड़ी जमीन पर पटकता हुआ प्रगट हुआ—'हाँ महराज जी!' उसने कहा। उसे कुछ भी दिखाई नहीं पड़ रहा था।

'एक ठो मया है। इसे अपनी कोठरी में ले जाओ।' उदासी जी ने कहा।

नगीन दास के गले में थूक सटक गया। यह कैसा अनघट। उन्होंने अपनी झुकी कमर को थोड़ा सीधा करने की कोशिश की। लेकिन एक तो अँधेरा, दोसरे आँखों में मोतियाबिन्द। कुछ भी दिखाई नहीं पड़ा। बाकी, उदासी जी कह रहे हैं तो वहाँ मया होगी जरूरे। सो, नगीन दास ने कहा, 'बाबा, हम तो कबके सधुआ गये। अब हमके कंचन-कामिनी से का मतलब?'

'का भगत!' उदासी जी झुंझलाये, लेकिन ऊपर से हँसते हुए बोले, 'गाइ-गोरू नहीं रखते हो? समझि लो एक ठो खूँटा और बढ़ि गया। आस्रिता है। दो-चार दिन की बात है, फिर कहीं और टकसा देंगे।' महन्थ जी ने नगीन दास के जवाब का इंतजार नहीं किया और खट-खट खड़ाऊँ बजाते सीढ़ियाँ चढ़ गये।

'बड़ा धरम-संकट है।' नगीन दास ने कहा और अँधेरे में खड़े रहे। तभी उन्हें औरत के डुहुँक-डुहुँक रोने की आवाज़ सुनाई दी। नगीन दास एकदम से घबरा गये। 'मतवा, रोयें जनि। जनि रोवैं माता राम! आयें मता राम! हमके लउकत नाहीं, तबो हमरा पाछे-पाछे चलि आयें।' नगीन दास अपनी छड़ी पटकते हुए आगे-आगे चल दिये।

औरत ने एक बार अपने चचिया ससुर को ताका। फिर चनरमा सिंघ को। उसके चचिया ससुर ने उसे अँधेरे में मुक्का तान कर कुछ इस तरह धमकाया, जैसे वह लौटने वाली हो। उसने अपने मुँह में आँचल ठूँस लिया, जिससे रुलाई रोक सके।

'आ रही हो माता?' नगीन दास ने अँधेरे में आहट ली।

औरत नगीन दास के पीछे आ गयी। जवाब देने की जगह उसने अपनी नाक सुड़क कर उपस्थिति जतायी।

'ठीक है, ठीके है।' नगीन दास ने कहा।

वे दोनों आगे-पीछे चलते हुए कोठरी के दरवाजे तक पहुँचे।

'यहीं रुको मतवा राम!' नगीन दास कोठरी के दरवाज़े की सिंकड़ी खोलने लगे, 'दिया बारता हूँ।' वे अन्दर चले गये।

अन्दर ढिबरी का उजियारा हुआ तो नगीन दास चौखट पर आये। उन्होंने हल्के उजाले में औरत को फिर देखने की कोशिश की। एक छाया-सी दिखाई पड़ी। नगीन दास ने औरत से भीतर आने को कहा। फिर वे पलटे और तखत पर बिछी चादर को हाथों से ठोंक-ठोंक कर उसकी धूल निकालने लगे। औरत कोने

में आ कर खड़ी हो गयी। कोठरी में पतुही तमाखू की मीठी खुशबू और एक ओर कोने में गोंइठे की आग और राख की मली-जुली मँहक थी। एक ओर अलगनी पर दो-एक गेरुए अँचले और कोने में उँठगाई हुई गुड़गुड़ी। लेकिन सबसे अचम्भे की बात थी कि कोठरी की तमाम खूँटियों पर तरह-तरह के बाजे टँगे हुए थे। एक पर पुरानी मटमैली सरँगी, फिर डँफरा, खँजड़ी, एक पर छोटी-सी टुनटुनियाँ। और तो और—एक पर पुराने मैले धागे में गुहे हुए घुंघरू, जिनकी चमक खतम हो रही थी।

'बइठि जाँय माता, आराम से,' तभी नगीन दास ने कहा, 'अब जौं ले बुलाकी दास की किरपा है, इहे आपन के घर है। अब का करें? अइसन आडर उदासी जी एकरे पहिले कबो नाहीं दिये रहे। बाकी, डरैं जनि मतवा राम! राति जादा हो गयी है। अरे, हमसे कवन लाज-सरम? ऊ का कहाउति है—लइका बिरिध एक समान। त हम बूढ़-ठूढ़ संडासी से कवन लाज-सरम? आपन तो हमारी माता हैं।

औरत को लगा, उसकी हिचकी बँध जायेगी। वह तखत की पाटी पर बैठ गयी।

'भुखाई होंगी मतवा राम? देखते हैं कि ठाकुर जी का परसाद बचा है कि नहीं।' नगीन दास कोने में रखी हँड़िया में कुछ टटोलने लगे। 'ऊपर तो ठाकुर जी की रसोई में बहुत बँचा होगा। गाइ-गोरू खाते रहते हैं। बाकी, ऊपर जाना मना है न! ठाकुर जी को छुतिका लग जायेगा।' नगीन दास हँसे।

औरत चुपचाप उस बूढ़े को ताकती रही। उसने देखा कि बूढ़े ने थोड़ा-सा भात, थोड़ी दाल, थोड़ी बची-खुची तरकारी, सब एक ही थरिया में उलट दी। सब कुछ मिल-जुल गया। फिर वह थाली उठाये उसके सामने आ खड़ा हुआ।

'खा लो माता! जिये के त बाऽऽ न!' उन्होंने कहा।

सुकवा उगा नहीं कि नगीन दास अपनी असनी से उठ गये। गोशाला में गये। गायों का मूत-गोबर साफ़ किया। खरहर चलाया। सानी-पानी किया। गोरू-बछरू को नाँदे से लगाया। फिर असनान-ध्यान करके लिलार पर, बाँहों पर, छाती पर राख का तिपुंड लगाया। पुरुब की ओर मुँह करके सुरुज भगवान को, जो अभी उगे भी नहीं थे, एक लोटा जल चढ़ाया। इस खटकरम से फारिक होकर तुलसी-बेलपत्र चबाते हुए वे अपनी कोठरी में लौटे। वहाँ सुबह की उजास में नगीन दास

ने उस औरत को देखा। देखते रहे—कुछ-कुछ डर से, फिर चकित होकर, फिर आनन्द से। उन्होंने सोई हुई औरत को दोनों हाथ जोड़ कर प्रणाम किया।

'आहाऽ... ई तो कोसिल्ला माता हैं।' उनके मुँह से निकला।

औरत सकुचाती हुई उठ कर बैठ गयी।

'राम जी आने वाले हैं।' नगीन दास ने कहा, 'धन्न भाग...मेरे धन्न भाग!'

नगीन दास चुपचाप गोशाले की ओर सरक गये। उनके हाथों में कँहतरी थी। उन्होंने एक बछरू छोरा। गाय को जल्दी-जल्दी पेंन्हवाया और चोरों की तरह मठिया की ओर ताकते हुए दूध दुहने लगे। दूध लेकर वे कोठरी में लौटे और गोंइठे की आग पर रख दिया।

'मतवा राम, पिछुआरे ताल है। हाथ-मुँह धो आयें। पूजा-आरती होने वाली है। हम अभी आते हैं।' कहते हुए नगीन दास अपनी खँजड़ी लेकर मठिया की सीढ़ियाँ चढ़ने लगे। ठाकुरद्वारे से थोड़ी दूर पर वे बैठ गये। जब घरी-घंट बजने लगा तो नगीन दास भी खँजड़ी बजा कर गाने लगे।

सन्त कचहरी धरमधना
बरन-बरन के लोग
केहू पावे अकथ दुखऽऽ
केहू के मनभोग —हो रामाऽऽ

दोपहर को जब ठाकुर जी का भोग लगा तो नगीन दास ने अपने लिए दो पत्तल परसाद की माँग की।

'दो पत्तल क्या होगा?' भंडारी जी ने पूछा।

'हमारा पेट बढ़ि गया है।' नगीन दास बोले।

'क्या मतलब?' भंडारी जी ने घूरा।

'मतलब महन्थ जी से पूछिये।' नगीन दास एकदम शान्त।

'चमार-सियार के जाति! महराज जी ने कंठी-माला दे दी, भगत बनने चला है। हमसे अकड़ू खाँव तो बनना मत।' भंडारी जी बाँस की तरह ठर्राते हुए बोले।

शोर सुनकर उदासी जी प्रकट हुए।

'क्या बात है नगीन दास?' उन्होंने पूछा।

'महराज जी, हमके दुइ पत्तल परसाद चाही।' नगीन दास ने अपनी माँग दोहरा दी।

'दे दो भंडारी जी? एक पत्तल गाभिन बछिया के लिए चाहिए। रोजे दे देना।' उदासी जी ने कहा और अन्दर लौट गये।

...सपने में वही एक जगह थी, जहाँ उसे थोड़े दिनों का सुकून था। हालाँकि बार-बार उसे आगे की चिन्ता घेर लेती। इतना सब झेलने के बाद वह बेबस और पस्त ज़रूर हो गयी थी लेकिन उसने हार नहीं मानी थी। वह यह तो नहीं जानती थी कि हार-जीत क्या होती है लेकिन वह निकल भागने के फेर में जरूर थी। इसीलिए आगे आने वाली हर घटना के प्रति वह तनी रहती। उसने सोचना नहीं छोड़ा था। उसे अजीब-अजीब लगता कि इतनी डरावनी जलालतों से गुज़रने के बाद भी उसने कभी मरने के बारे में नहीं सोचा। जब भी सोचा, उसे मरने से डर लगता। शाहद इसीलिए वह हथियार डाले हुए पड़ी थी कि जैसे भी हो, बची रहे। चाहे किसी भी तरह। वह समझती थी कि जब तक 'टैम' नहीं आता, उसे चुपचाप सहते जाना है। वह यह भी नहीं जानती थी कि कभी 'टैम' आयेगा भी या नहीं। वह उस गिलहरी की तरह थी, जो ऊँची डाल से अचानक जमीन पर गिर पड़ी हो। दरिन्दों का ध्यान हटने तक वह चुपचाप धरती से चिपकी हुई पड़ी रहना चाहती थी, जैसे कि वह मर गयी हो।

और नगीन दास को तो जैसे सारे संसार का ऐश्वर्य मिल गया हो। गोशाला में सानी-पानी करते, तालब की ओर जाते, नहाते-धोते, तिपुंड घँसते, सुरुज महाराज को जल चढ़ाते—हर समय उनका ध्यान अपनी कोठरी में लगा रहता। कोठरी में कोसिल्ला माता हैं, कोठरी में रामजी हैं। वे बार-बार कोठरी में लौट आते और बेमतलब बोलबाल करते। जैसे उनका कंठ खुल गया था। सिर्फ़ बतरस। वे रात होने का इंतजार करते। कब रात हो, कब ठाकुर जी सोयें। वे कोठरी में लौटें और बतियायें—बतियाते चले जाँय।

'हम रैदास हैं मतवा राम! ई जौन बाजा-गाजा देख रही हो न! तो हम बड़े सौखीन रहे। लरिकाईं में खूब सुघ्घर रहे हम। तौन हमार बाप हमके लँउडा बना के नचाते थे। खुद ढोलकिया थे और हम लँउडा। बहुत बड़ी नाच-पाटी रही उनकी। उस जमाने में बड़ा-बड़ा साटा[१] होता था। जब हम साड़ी-बेलाउज पहिर के, बाल गुहि के, आँखी में काजर, माथे पर टिकुली, होठों पर लाली लगा के, पाँवों में घुंघरू बान्हि के छुम छननन् करके मैफ़िल में खड़े होते तो चारों ओर से

१. साटा=सट्टा, अनुबन्ध, करार।

बरतिहे 'हाय रज्जा, हाय रज्जा' चिल्लाने लगते थे। ई घुंघरू तभी का है माता! बाद में जब हमरे दाढ़ी-मोंछि आ गयी, हम चरेर हो गये तो हमारे बाप ने हमें सरँगी धरा दी। हम बजनियों में सामिल हो गये। लेकिन उससे पेट थोड़ो चलता था। लगन भर का तो काम होता था, बाकी साल भर खाली। ठन्-ठन् गोपाल। तो हमारे बाप ने हर जोतना सिखाया। फिर हम लग गये बाबू लोगों की हरवाही में। कभी हियाँ, कभी कहीं और। कभी इस बखरी, कभी दूसरी बखरी। एही में जिनिगी खतम हो गयी। जिनिगी भर खटे मतवा राम! कब्बो मोटमोसई नहीं की। कबो आराम नहीं किया। काम किया, खाये, ढनक गये। पेट भर अन्न के लिए बस। ए जिउ से बड़ बेहया कोऊ नहीं...कोऊ नहीं।'

'ऊहाँई आ रही का माता?' एकाएक नगीन दास पूछते।

'ना बाबा!' औरत बोलती।

'बूढ़-ठूढ़ के बकवाद करे के आदत बड़ी खराब होती है।' नगीन दास अपनी ही निन्दा पर उतर आते।

'ना बाबा, बोलीं, बोलीं।' वह कहती।

'का बोलीं? इहे बकवाद न! बाता-बाता हिल रहा है। आँखी से आन्हर। करिहाइ टेढ़। ...बाकी, ई कोठरी सोहावनि हो गयी। गोसाईं जी का बोलते हैं—'सेवक सदन सामी आगमनू'। त हमरे घर में त माता के चरन परे हैं। आ, राम जी भी साथे में हैं। ...जलम अकारथ सुफल भयो। सब सुफल होगा, बाकी हमरा तो एक हाथ बिमान पर है। हम देखने खातिर कहाँ रहेंगे?' नगीन दास चुप हो जाते।

'आप साधू कैसे हो गये बाबा?' एक दिन वह पूछती है।

'उदासी जी के कारन।' नगीन दास कहते हैं।

'अच्छा।'

'बड़ी सरधा थी माता! हमरे गाँव में बाबू लोगों के हिआँ आते रहते थे। एक दिन खँजड़ी पर भजन गाते सुन लिया। बोले, 'का हो नगीना, बूढ़ हो गये। जाँगर चलता नहीं। घरे में घरनी नहीं। दो रोटी के मुहताज हो। दुआरे-दुआरे माँगते-खाते फिरते हो। हमार कहा मानो, तो कंठी ले लो। भगत बन जाओ। भजन-कीर्तन करो। तीनों बेरा ठाकुर जी का परसाद पाओ। ई जनम, आ ऊ जनम दूनों सुआरथ करो।'

'हमें कंठी कौन देगा महराज?' हमने कहा।

'हम देंगे कंठी। हम तुम्हारे गुरु बनेंगे।' उदासी जी ने कहा।

'कइसे महराज?' हमने पूछा

'भगवान के आगे सब बराबर हैं नगीना!' महराज जी बोले।

'त हम हिरना की तरह उदासी जी के पाछे-पाछे चल दिये। जै हो गुरु महराज की! हमने सोचा, जिनिगी भर कौनों चोरी-चमारी नहीं की। परनारी की ओर आँख नहीं उठायी। सेवा-मजूरी की। कबो ऊँच-खाल नहीं गये। केहू के सताया नहीं। बैल-बछिया को पैना नहीं मारा। अपनी घरनी को फूल की छड़ी भी नहीं छुआई। चिंउटीओ नहीं मारी। उसी पुन्न का फल है। त हम पाछे-पाछे मठिया पर आये।

'पहिले जाओ, ताल में असनान करो। ई लो चाभी! ई तुम्हार कोठरिया है।' उदासी जी ने कहा और मठिया में चले गये।

'हमने असनान किया। अँचला धारन किया। महराज जी ने राखी का तिपुंड घँसना सिखाया। फिर तिरसूल पर एक ठो लोहे के डंडे से बजा-बजाकर पता नहीं का 'बुड़म् बुड़म्' करते रहे। ई कंठी बान्ही।' नगीन दास ने कंठी हाथ से छू कर दिखायी।

'इधर आओ, तुम्हारा कान फूँक दें नगीना!' उदासी जी बोले।

'कान फूँक दें माने?' हमने हाथ जोड़ कर पूछा।

'हमारे पन्थ में कनफूँका मंत्र देते हैं। देखो नगीना, पोथी-पतरा सब बेकार है। गुरु का कनफूँका मंत्र ही सत् है। वही भगवान है। उसी का जाप करो। सदा-सर्बदा—दिन-रात, सोंते-जागते, उठते-बैठते। उसी से तुम्हारी मुक्ती होगी।' मेरे दाँयें कान के पास मुँह सटाकर उन्होंने मंतर फूँका—

गुरू की सेवा, गुरू की सेवा
जल ना पिये, न करे कलेवा
सरग मिले तौ गुरु के देबा।
गुरु की सेवा।
आन्हर बरध भाँवरी चालै
चित्त न कौनो संका पालै
आतम बन्हक, गुरू रजेवा।
गुरू की सेवा।
मरतो-मरत गुरू की सेवा।'

'अब ई मंतर है कि बनरसी जोगीड़ा—'गुरू की सेवा!' नगीन दास ने गुरू-मंत्र का जैसे मज़ाक उड़ाते हुए कहा। 'हमने पूछा, गुरु बाबा, ए मंतर के अरथ?' वे फिर बोले।

'अरथ-वरथ कुछ नहीं, बस जाप करो—जाप। ब्रह्म-मुहूर्त में एक-सौ एक बार। फिर आचरन करो—अपने जीवन में, कर्म में। यही अरथ है।' उदासी जी बोले।

'जैसी इच्छा महाराज जी की!' हमने कहा।

'तुम्हारा संस्कार पूरन हुआ।' महन्थ जी ने कहा।

'माने?' हमने पूछा।

'माने, अब तुम नगीना चमार से नगीन दास हुए।' गुरू महराज बोले।

'तब तो ठाकुर जी के दरसन भी होंगे बाबा?' हमने हुलस कर कहा।

'पहले साधना करो नगीन दास! ठाकुर जी के दरसन तुरन्त नहीं होते।' महराज जी ने कहा।

'साधना कइसे करें गुरू जी?' हमने पूछा।

'गोशाला की सेवा करो। मठिया की सेवा करो—यही तुम्हारी साधना है। सेवा में फरक आये तो मंतर का जाप करो। उससे मन की सुद्धी होगी। बीच-बीच में करते रहो—डाँड़े-अरारे, गाइ-गोरू के पीछे। किन्तु इतना जान लो नगीन दास, अब तुम आदमी के नहीं, भगवान के सेवक हो। कामचोरी करोगे तो मंतर के साथ धोखा करोगे। मंतर के साथ धोखा करोगे तो गुरू के साथ धोखा करोगे। गुरू के साथ धोखा करोगे तो ठाकुर जी के संग धोखा करोगे। और नहीं, निरमल चित्त से सेवा में लगे रहोगे तो साधना पूरन होगी। साधना पूरन होगी तो ठाकुर जी भी दरसन देंगे।' गुरू जी ने समझाया।

'हम समझि तो गये', नगीन दास ने कहना जारी रखा, 'लेकिन बेबस थे। जाँगर-पाँजर भी उतना नहीं। फिर सोचते थे कि ठाकुर जी से धोखा होगा। जिनिगी में कौनो पाप-करम नहीं किया तो मरे के दाईं। सो हम पड़े रहे मतवा राम! और जइसे-जइसे हम कनफूँका मंतर का जाप करते, हमें अरथ समझ में आने लगा। 'आतम बन्हक गुरू रजेवा।' त का फरक भा बबुआननन की बखरी और उदासी जी की मठिया में? हम उहाँ भी बन्हक थे, इहाँ भी हैं। उहाँ तो करज-कुआम ले-देकर एक बखरी से दूसरी बखरी बदल भी लेते थे। इहाँ तो ठाकुरे के बन्हक हैं! 'आन्हर बरध भाँवरी चालै!' माने, अन्हवट बान्हि के जौन बैल तेलिया हाँकता है न, उसी तरह। चलते जाओ, चलते जाओ। अगल-बगल ताकना मत। पृथिमी परिकर्मा करते जाओ, जब ले हाड़-हाड़ न गलि जाय। 'मरतो-मरत गुरू की सेवा!' यही भगती है, यही मुकुती है। मतवा राम, अब तो हमको लगता है कि भगवानो झूठ हैं। बाकी, नाहीं।' नगीन दास ने अपनी जीभ

पकड़ ली, 'छिमा करें माता! राम जी घरे में हैं और पापी नगीन दास के मुँह से ऐसी कुभाखा निकल गयी।'

कोठरी में घुप्प अँधेरा है। और बाहर झिंगुरों की झनकार। ताल के पास किसी पेड़ पर अचानक उरुआ बोलता है। कोक्कोक्कोक्कोव। उरुआ का बोलना अशुभ होता है। नगीन दास धीरे से केवाड़ी खोल कर बाहर आते हैं। एक ढेला अन्दाज से उस पेड़ पर फेंकते हैं—'होक् होक्'। उरुआ की आवाज़ बन्द हो जाती है।

'एऽऽ मतवा राम! सो गयीं का?' कोठरी में लौट कर नगीन दास आहट लेते हैं।

'कहाँ बाबा!' औरत करवट बदलते हुए कहती है।

'राम जी क्या कर रहे हैं? नगीन दास पूछते हैं।

'खेल रहे हैं।' वह पेट पर इधर-उधर हाथ फिराती है।

'पैजनियाँ बजायें?' एकाएक नगीन दास कहते हैं।

उसकी समझ में कुछ भी नहीं आता। वह सिर्फ़ आहत होती है। अगाड़ी सोचते हुए उसे डर लगता है। नगीन दास अँधेरे में टटोल कर खूँटी पर से पुराने घुंघरू उतारते हैं और जमीन पर पटक-पटक कर सुर में बजाने लगते हैं—छम्म्-छम्, छम्म्-छम्, छम्-छम्-छम्, छम्-छम्-छम्।

'राम जी के खेल में सुर मिलाते हैं माता।' नगीन दास कहते हैं।

उसे लगता है, कि न जाने किस अनियारे लोक में चली आयी है!

'आछा, एक ठो सोहर गाते हैं।' नगीन दास अँधेरे में बोलते हैं।

वह अँधेरे में उठ कर बैठने की कोशिश करती है।

'हमरी झोली भरी है मतवा राम, गीतों से! राजा का खजाना है, हमारे पास। जो कहें, सुनाते हैं—सोहर, बधावा, फगुआ, चइता, टोहका, भजन, निर्गुन—जो कहें। हमरी झोली कभी खाली नहीं होती। अनेक सुर हैं। सुर ही सुर हैं। बाकी, करेजा में ताकत नहीं रही अब। लहक के उठाते हैं, बाकी खींच नहीं पाते। 'इड़ा-पिंगला थकित भईं अब, जोबन जरि गयो काल-अगिनि में।' लेकिन माता को सुनायेंगे।' और नगीन दास सुर लेना शुरु करते हैं—'आ...आऽऽ—आ'।

उनकी आवाज़ बीच ही में खसखसा जाती है। उन्हें खोखी आने लगती है।

'का करें, संसा बीचे में टूट जाता है।' वे कहते हैं।

'रहने दीजिए बाबा!' वह रोकती है।

'बुझला, बिहान हो रहा है। चुहचुहिया बोल रही है।' नगीन दास आहट लेते हैं।

'हमें कुच्छो पता नहीं चलता बाबा!' वह कहती है।

'निर्गुन का बखत हो गया।' नगीन दास उठते हैं।

वह खूँटी पर से अपनी पुरानी सरँगी उतारते हैं। अँधेरे में टटोल कर गज निकालते हैं और बैठ जाते है। जब सरँगी की पहली गूँज उठती है तो उसे लगता है कि अपने गाँव की नानू बो चाची भोर में जँतसार गा रही हैं। उससे रहा नहीं जाता। वह सँकोच के मारे नीचे उतरती है और तखत की टेक लगा कर जमीन पर बैठ जाती है। बूढ़ा संन्यासी जैसे समाधि में चला गया है। उसे कुछ भी पता नहीं चलता। उसका सिर सरँगी पर झुका हुआ है। वह उठाने के पहले निर्गुन को सरँगी में भर रहा है—

कौने बनवाँ खइबो, कवन बन अँचइबो
कवन बनवाँ नाऽऽ
आपन सेजिया डँसइबो
कवन बनवाँ नाऽऽ।
बाबा बनवाँ बाघ, माई के बनवाँ माघ
साँईं के बनवाँ नाऽऽ
रावन सेजिया डँसावै
साँईं के बनवाँ नाऽऽ।...

'नहीं उठता बाबा बुलाकीदास, एकदम्मे नहीं उठता।' नगीन दास को हँफनी छूट जाती है।

'बस करें बाबा!' वह कहती है।

'आपन के सामी कहाँ हैं माता?' नगीन दास हाँफते हुए पूछते हैं।

'होते तो हमारी ई दुर्गति होती?' वह बोल पड़ती है।

'माने, नहीं हैं! हे नारायन! हे प्रभो!' नगीन दास दोनों हाथ ऊपर उठाते हैं।

'हैं, बाकी नहीं हैं।' वह कहती है।

'का मतलब?'

'परदेस में कतों मर-खप रहे थे तब।'

'उनको खबर है?'

'खबर दी गयी रही।'

'तब्बो सुधि नहीं लिए?'

'आये रहे, बाकी सुनते भाग लिए।'

'भाग लिए? काहें?'

'दुसरे का कलंक अपने माथे कइसे लेते?' कौन मरद लेता है? चाहे दोख औरत्र का न भी हो, कलंक तो उसी माथे जाता है।' वह बोली।

'ई तो बिकट बाति है।' नगीन दास की समझ में कुछ नहीं आता।

'हमारा उद्धार करिये न बाबा! जिनिगी भर राउर गुन गायेंगे।' एकाएक वह बोल पड़ती है।

'होगा मतवा राम! जरूरे होगा।' नगीन दास जैसे होश में आते हैं।

'कइसे बाबा?' वह आरत होकर पूछती है।

'तनी राम जी के आवे दें। होगा।' नगीन दास कहते हैं।

'ई रामे जी तो दुर्गति के कारन हैं बाबा!' वह कहती है।

'का मतलब?'

'ई खुसी से नहीं आये।'

'तब?'

'ई जबर्जस्ती हमरी काया में प्रबेस किये।'

'हे प्रभू!...प्रभू हो! कहाँ हो! हो भी कि नहीं?' नगीन दास उठ जाते हैं।

'हम कहाँ जायें बाबा?' उसका डुँहुक-डुँअुक रोना फिर शुरू होता है।

नगीन दास जैसे क्रोध में हैं। वे पलटते हैं और कहते हैं—'जानती हो माता! 'लंगड़-भागवत' में ब्यास मुनी का कहते हैं? ब्यास मुनी कहते हैं—

धरम छेत्रे, कुकुर छेत्रे
का-का होत एऽऽ संजै!'

'ठीक कहते हैं ब्यास मुनी! और का कहते!' नगीन दास भुनभुन करते हैं।

बाहर, लगता है कोई दरवाज़ा खटखटा रहा है। नगीन दास आवाज़ पर कान देते हैं। सिंकड़ी फिर कोई खड़खड़ा रहा है। नगीन दास अपना खिरका[१] पहनते हैं, चादर ओढ़ते हैं। आहट लेते हैं। 'ए कुबेरा में के?' वे भुनभुनाते हैं। औरत अपने बिस्तरे पर गूदड़ में अपने को भींच लेती है, जैसे उसे बड़े जोर की ठंढी लग रही हो।

'माता! सान्त रहो।' नगीन दास उठते हैं।

दरवाज़ा खोलते हैं तो चनरमा सिंघ एक अजनबी के साथ खड़ा है।

यह अजनबी सिऊ मँहतो है।

उदासी जी खट-खट करते हुए नीचे आते हैं तो सिऊ मँहतो भुइँलोटन परनाम करता है।

---

१. **खिरका**=जोगियों, सूफ़ियों का लम्बा, पैबन्द लगा चोगा।

'कैसे हो मँहतो?' उदासी जी पूछते हैं।

'किरपा है महराज जी!' सिऊ मँहतो धूल झाड़ते हुए उठता है।

'बाजार कैसा है?' उदासी जी फिर सवाल करते हैं।

'मन्दा है महराज!'

'काहें?'

'माल चढ़ता नहीं।' सिऊ रटी-रटायी बात दुहरा देता है।

'ई कइसे कह रहे हो?' उदासी जी ठगवा को जुग-भर से जानते हैं।

'खतरा बहुत बढ़ि गया है महन्थ जी।' चनरमा सिंघ बोलता है।

'ऊहे तऽऽ।' उदासी जी 'हाँ' की मुद्रा में बोलते है।

'ऊहे तऽऽ हमहूँ देख रहे हैं।' नगीन दास खँखार कर अपना गला साफ़ करते हैं, 'देख रहे हैं। खूबे देख रहे हैं। कि हियाँ का हो रहा है। धन्न हो गुरू महराज, धन्न हो।' नगीन दास दोनों हाथ जोड़ कर उदासी जी को परनाम करते हैं, 'साधू बने हो, महन्थ बने हो और कारोबार करते हो? अँचला पहिर के, टीका-फाना करके, घरी-घंट बजाते हो, पोथी बाँचते हो, कनफूँका मंतर देते हो और दोसरे की बहू-बेटी बेंचते हो? परलोक बनेगा और वह भी तुम्हारा? अरे, तुम्हरे जैसे साधू-संडासी सरग जाने लगें तो सरगो बसा जाय। बसाई रहा होगा!' नगीन दास अपनी लौकी की तूमड़ी जमीन पर पटक देते हैं, 'नहीं चाहिए हमें भगती-मुक्ती।' नगीन दास फटफटाते हुए कोठरी में घुसते हैं।

'ई तो पगला गया है।' उदासी जी चनरमा सिंघ की ओर देखते हैं।

'चमार-सियार के कंठी-माला नाहीं न देबे के चाही महराज!' चनरमा सिंघ बोलता है।

'तिरिया के लस पा के बौंड़िया गया है महन्थ जी!' सिऊ मँहतो कहता है।

'ई लो सुमिरिनी। ई लो अपनी कंठी।' नगीन दास अपने गले से कंठी तोड़ कर अँधेरे में फेंकते हैं। 'और ई अपना खिरका भी लो।' वे खिरका उतारने लगते हैं, 'डाल लो, जहाँ डालना हो। ...तुम्हारी आतमा बन्हक होगी ठाकुरद्वारे में—हमरी नहीं। बहुत दिन चला लिए हम। अखज्झ हो गया है अब—अखज्झ। भीखि माँग लेंगे। कहूँ राह-कुराह सरि-गलि जायेंगे। सियार-कुकुर खायेंगे तो खायें। बाकी, ए पाप-कुंड में अब एक्को मिन्ट नहीं रहेंगे। लेओ, सँभारो राजपाट।' नगीन दास कोठरी-गोशाले की कुंजियाँ उदासी जी के मुँह पर फेंकते हैं, 'हम अब्भी, इसी बेरा चले जाते हैं, मतवा राम को लेकर। भोगो आपन राजपाट...।'

'ठाकुर जी को गाली देता है?' उदासी जी कहते हैं।

'आरे, गारी तो तूँ देता है—तूँ।' नगीन दास खसखसाती आवाज़ में कहते हैं।

'ए सिउआ!' उदासी जी बोलते हैं।

'हँअ महराज!' सिऊ मँहतो छउक कर आगे आता है।

नगीन दास कोठरी में जाने को मुड़ते हैं।

'तनी मार त एक डण्टा एकरा कपारे पर। ठण्ढा होइ जाय। सरवा तबसे अभुआ रहा है।' उदासी जी आदेश करते हैं।

सिऊ मँहतो आव-देखता है न ताव, हुमच के लोहबन्ना नगीन दास के सिर पर जमा देता है।

जैसे पहले से ही आधा भुका हुआ कोई पुराना पेड़, बिना किसी चरमराहट के चुपचाप, अचानक धरती पकड़ लेता है, ठीक उसी तरह नगीन दास भुँइआँ में लोट गये। उनके मुख से कोई चीख़-चीत्कार नहीं निकली।

औरत को बहुत डर लगने लगा। उसकी धुकधुकी बढ़ गयी। कान के पास नसें टपटपाने लगीं। उसने सींकड़ को थोड़ा ज़ोर से खींचा तो मरकटवा हड़बड़ा कर उठ गया। उसने औरत की ओर देखा, जिसका पूरा मुँह-माथा खुला हुआ था। वह जैसे कराहने वाली हो। मरकटवा को आश्चर्य हुआ—ओफ़ वह कितनी दुबरा गयी है! ठोकच बइठ गया है। उसने अपने पैरों से सींकड़ खोला और उसके पास गया।

'बाबू नहीं आये?' उसने पूछा।

'आन्हर हो क्या?' वह बोली।

'अरे बाप रे, दिन ढलक गया! कितना सो गये न!' मरक़टवा ने जँम्हाई लेते हुए कहा।

औरत उसे देखती रही—बस।

'भुखाई होगी?' मरकटवा ने उसका मुँह देखते हुए कहा। वह चाहता था कि वैसे ही ताकता रहे लेकिन औरत को अपनी ओर घूरता पा कर उसने नज़रें हटा लीं। 'जरूरे भुखाई होगी', उसने कहा, 'सतुआ लाये हैं', उसने गठरी की ओर इशारा किया, 'मेटी में पानी भर के लाते हैं। बाकी, भागना मत।' उसने हँसते हुए कहा।

'भागने लायक हैं हम?' औरत ने बेबस गुस्से से कहा।

'ठीक बात। जायेगी कहाँ? और जायेगी भी तो धर लेंगे। हम तो लरिकाईं में बानर दौड़ा के पकड़ लेते थे।' मरकटवा बोला।

'ऊ तो जग-जाहिर है।' औरत ने कहा।

'का मतलब?' मरकटवा ने आँखें तानीं।

'मतलब कुच्छो नहीं, जाओ पानी भर के लाओ। तुम तो अमरित पी के सोये थे। तुमको तो भूखि-पियासि लगती नहीं?' औरत बोली।

'आरे, नाहीं रे! हम दुलरुआ हैं न! छोटकन्ने पर से उँहाई तनी जादा आती है। एही से बाबू हमके लदभेसर कहते हैं।' मरकटवा ने हँसते हुए कहा।

'का कहते हैं?' औरत ने पूछा।

'लदभेससर।' मरकटवा बोला। उसे बतरस में मजा आ रहा था।

'औरत को इस दारुण अवस्था में भी हँसी आ गयी।

मरकटवा खुश हो गया कि उसने औरत को हँसा दिया। वह मेंटी ले कर अन्हरिया से निकला और पीछे से नदी के कछार में उतर गया।

औरत अभी कुछ सोचने-बिचारने के लिए सँभली भी नहीं थी कि मरकटवा पानी ले कर लौट आया। 'देक्खा।' उसने बहादुरी दिखाते हुए कहा।

औरत को लगा, वह सचमुच बानर दौड़ा के पकड़ लेता होगा।

मरकटवा ने सतुए की गँठरी खोली और उसमें नमक मिलाया। फिर अँगौछे का एक छोर औरत को पकड़ने के लिए कहा।

'एक हाथ से नहीं, दोनों हाथों से। थोड़ा फैला के।' मरकटवा ने उसके चेहरे की ओर देखते हुए कहा। फिर उसने पानी डाला और सतुआ माँड़ने लगा। माँड़-मूँड़कर उसने सूखे पत्तों पर अँगौछे समेत रख दिया। फिर उसने बंडी की बगली से प्याज के दो गट्ठे निकाले और दूसरी बगली से चाकू। उसने चाकू का पेंच दबाया तो उसका बित्ते भर का फल खटाक्-से खुल गया। मरकटवा औरत को देखते हुए हँसा।

'रामपुरी है।' उसने फल को धूप में घुमाते हुए चमकाया।

'इससे खेलते हो?' औरत को अब डर नहीं लग रहा था।

'इससे अम्मा सउरी में नार छिनगाती है।' मरकटवा ने प्याज काटते हुए कहा।

'इतनी बड़ी छुरी से?' औरत ने आश्चर्य प्रकट किया।

'और क्या?' मरकटवा ने चहक कर कहा।

औरत का हाथ सहसा अपने पेट पर गया, जहाँ बच्चा बड़ी देर से बिना हिले-डुले सुन्न पड़ा हुआ था।

'तुम्हारा बाप ठीके कहता है।' औरत ने सतुआ की पिंडी मुँह में रखते हुए कहा।

'क्या?' मरकटवा सँभल गया।

'कि तुम लदभेसर हो।' औरत बोली।

'ऊ तो मयाते हैं तो कहते हैं रे!' मरकटवा पूरी मेंटी उठा कर घटर-घटर पानी पीने लगा।

'नहीं, तुम हो।' औरत ने कन्खियों से देखते हुए कहा।

'क्या?' मरकटवा चौंका।

'लदभेसर।' औरत के स्वर में दृढ़-निश्चयता थी।

'देखो, हम जवानी नहीं दर्साते, समझ लो।' मरकटवा थोड़ा तन गया।

'जवानी होती तो हमें सींकड़ से जंगल-झार में ले आ के छानते?' औरत बोली।

'फिर का करते?' मरकटवा गम्भीर हो गया।

'ले के अलोप हो जाते। कतों पुरुब-बँडाला भाग जाते।' उसने कहा।

'देखो, हमें गड़बड़ाओ मत।' मरकटवा ने थोड़ी नरमी से कहा।

'तो पड़े रहो उस हतियार की कँखौरी में। कब्बो तिरिया का मुख नहीं देख पाओगे। हमारा तो जो हो रहा है, होई रहा है।' औरत मेंटिया से पानी पीने लगी।

मरकटवा उठ कर इधर-उधर टहलने लगा।

संझा होते ही सिऊ मँहतो दो कोड़बाजों के साथ अन्हरिया में दाखिल हुआ। वे बोलते-बतियाते चले आ रहे थे। मरकटवा तुरन्त चौकन्ना हो गया। लेकिन औरत को लगा, उसका पूरा बदन सुन्न पड़ता जा रहा है। उसने झटके से माथे पर आगे तक आँचल लिया और सिमट कर गुड़ी-मुड़ी बैठ गयी। मरकटवा एक बार उस औरत को देखता और एक बार उस सँकरी-टेढ़ी पगडण्डी की ओर, जिधर से कँटीले झाड़-झंखाड़ों से बचते-झुकते वे चले आ रहे थे।

'सींकड़ निकाल देते हैं।' मरकटवा ने धीरे से कहा, जैसे उस पर एहसान कर रहा हो।

तब तक वे तीनों अन्दर आ गये।

'हियाँ तो जमुराजो नहीं चोंहपेंगे।' एक कोड़बाज ने कहा।

'सब ठीक है।' सिऊ मँहतो ने अपने लड़के से पूछा।

'हँअँ बाबू!' मरकटवा ने हुँकारी भरी।

'वहीं, बनकटे में चलते हैं। ई जगै ठीक नहीं है।' सिऊ ने कोड़बाजों से कहा।

'यहीं देख लेते है।' पहला कोड़बाज बोला।

'कौन बँहेंगवा[1] देखना है कि पोंछि उठानी है।' दूसरा कोड़बाज हँसने लगा।

फिर तीनों हहाकर हँसने लगे। मरकटवा उन सभी को घूरता खड़ा रहा।

'लेकिन ये तो सती-साबित्री बनी है।' पहले कोड़बाज ने औरत को गुड़ी-मुड़ी बैठे देख कर कहा।

'वहीं चलते हैं बाऊ साहेब!' सिऊ मँहतो ने अपना इरादा फिर से दुहराया।

'ठीक है। जौ मँहतो यही चाहे हैं तो बाहरे चलते हैं।' दूसरे कोड़बाज ने कहा।

सिऊ मँहतो ने मरकटवा को इशारा किया कि वह औरत को लेकर ऊपर बनकटे में आये और वह कोड़बाजों के साथ बाहर निकल गया।

उनके जाने के बाद औरत थोड़ा चैतन्य हुई।

'केंचुए साले!' मरकटवा भुनभुनाया।

औरत ने अपने पैर फैलाये। उसका हाथ अपने पेट पर गया। उसे कैसा-कैसा लगने लगा। वह कुछ डर गयी। उसे लगा, छातियों के नीचे अचानक उसका पेट खाली होकर ढलक गया है। वह हड़बड़ा गयी। उसका बच्चा कहाँ खो गया? उसने अपनी उँगलियों से इधर-उधर टटोलना शुरू किया। उसे लगा, उसका पूरा पेट सरक कर नीचे, उसकी जाँघों के बीच उतर आया है। उसने उधर हाथ फिराया। एकदम पत्थर और सन्नाटा। कहीं कोई हरकत नहीं, कोई हिल-डुल नहीं। क्या वह सो गया है?—उसे कुछ भी समझ में नहीं आया।

'उठो, बहरे चलते हैं।' मरकटवा ने औरत से कहा।

---

१. **बँहेंगवा**=गायों की पूँछ की जड़ में नीचे की तरफ़ स्थित एक काला गुट्ठल, जिसे अशुभ (पइ) माना जाता है। इसीलिए ख़रीदार पूँछ उठाकर उस जगह की जाँच-परख करते हैं।

'हमसे उठा नहीं जायेगा।' औरत की आवाज़ में जैसे सदियों की थकान थी।

'हमारा हाथ पकड़ लो नऽऽ।' मरकटवा ने कहा।

'हाथ पकड़ के भी नहीं उठ सकते।' औरत ने क़हा।

'तब?'

'हमसे चला नहीं जायेगा।' उसने आर्त्त स्वर में कहा।

'क्या कहती हो?...बाबू बावेला मचा देंगे।' मरकटवा चिन्तित हो गया।

'तो क्या करें?

'आछा, हम उठाते हैं। मरकटवा ने उसके पीछे से बगलों में हाथ डाल के खड़ा कर दिया, 'कोसिस करो...हाँ, चलो, चलती चलो।' वह उसे मजबूती से थामे हुए था।

'पेट में लहर उठ रही है।' औरत ने चलते-चलते कराहा। उसका सिर मरकटवा के कन्धे पर लटक कर टिक गया।

'लहर क्या?' मरकटवा ने पूछा।

'पता नहीं, कैसा-कैसा हो रहा है!

'घबराओ मत। कुछ नहीं होगा।'

'कैसे, कुछ नहीं होगा?' औरत ने टूटती आवाज़ में कहा।

वे दोनों अन्हरिया से निकल कर जब बनकटे में घुसे तो काफी अँधेरा हो चुका था। उन्होंने उन तीनों की आवाज़ें सुनीं। वे बरगद के नीचे बैठे हुए थे। ज़ब वे धौंका लेते तो उनके होठों से लगे बिड़ी के ठूँठ अँधेरे में नन्हें लाल कंचों की तरह चमक उठते। उन दोनों की आहट पा कर कोड़बाजों में से एक ने अचानक चोरबत्ती की रोशनी फेंकी। मरकटवा की आँखें चौंधिया गयीं और उसने अपनी गर्दन पीछे कर ली।

'तनी ई लीला देखो। ई बनकटे में बैसकोप कहाँ से आ गया?' कोड़बाज ने चोरबत्ती जलाये-जलाये कहा।

सिऊ मँहतो ने देखा और मामले की नजाकत समझ गया।

'ई तो नौ मन की धोबिन लिए चला आ रहा है।' दूसरे कोड़बाज ने पारखी निगाहों से देखते हुए कहा।

'अब्बे-तब है।' पहला कोड़बाज बोला।

'लैट मत मारिये और जौन बात करनी हो, बाबू से करिये आप लोग।' मरकटवा ने चिढ़ कर कहा।

लेकिन कोड़बाज ने उसकी बात पर कान नहीं दिया। वह चोरबत्ती और ऊपर-नीचे चमकाने लगा।

'बन्द करो लैट।' मरकटवा ने कड़कती आवाज़ में कहा।

'इंगरेजी छाँटता है।' दूसरे कोड़बाज ने व्यंग में कहा।

'बाऊ साहेब, अबहीं लइका है।' सिऊ मँहतो ने मामले को ठण्डा करने की गरज़ से कहा।

'लइका है कि पूरा बैसाखनंदन!' दूसरे कोड़बाज ने मरकटवा की अकड़ के जवाब में कहा।

'हम गँहकी हैं बे! माल देख रहे हैं।' पहले कोड़बाज ने चोरबत्ती जलाये रखी।

'हट, हमको सउदा परखने दे।' दूसरा कोड़बाज उन दोनों के पास गया और उसने मरकटवा को धक्का देकर परे ठेल दिया।

उसका हटना था कि औरत लद्द से जमीन पर गिर पड़ी। जैसे घोंसले में सोई चिड़िया कभी-कभी अचानक हवा के झोंके से गिर कर छितरा जाती है। उसके मुँह से एक लम्बी-सी चीख़ निकली। पहले कोड़बाज ने बत्ती बुझा दी। लेकिन तभी पता चला कि मरकटवा और उस दूसरे कोड़बाज में जुझारू बजनी अँधेरे में चल रही है। मामला संगीन जान कर सिऊ मँहतो दौड़ा और उसने दोनों को छुड़ा कर अलगिया दिया।

'मार डालेंगे साले, चाहे फाँसिए चढ़ि जाँय।' मरकटवा छटक रहा था।

सिऊ मँहतो ने लम्बी-सी गाली दी तो वह परे हटा।

'होगे अपने घर के जींमदार! कुकरमी...कुत्ते साले!' मरकटवा ने अँधेरे में कहा।

'और तेरा बाप क्या है—पुन्यातमा? रिखी-मुनी?' दूसरा कोड़बाज बोला।

'बाप का बाप साला जाने, बाकी हमसे ऐंड़बाजी दिखायी तो लेंदी-पोटी निकाल के बाहर कर देंगे।' मरकटवा चिल्लाया।

'ए मँहतो, सउदा-सुलुफ के नेवता दिये रहो कि इज्जत उतारे खातिर?' दूसरा कोड़बाज बोला।

'हमके माफ़ी दै दें बाऊ साहेब!' सिऊ मँहतो ने कहा।

'हरामजादे, गाइ-गोरू बनाये हैं।' मरकटवा भुनभुनाया।

'गाइ-गोरू नहीं है तो काहें जंगल ठेकाये हो? घरे ले जा के आरती उतारो।' पहले कोड़बाज ने घोंघियाते हुए कहा।

'उतारेंगे। वह भी करेंगे। बखत आने दो।' मरकटवा बोल गया।

'ई कुबंस कहँवाँ से पैदा हो गया भगवान?' सिऊ मँहतो अँधेरे में माथा पकड़ के बैठ गया।

'चलो जी, बेकार हैरान हुए।' दोनों कोड़बाज भुनभुनाते हुए बनकटे से बाहर हो गये।

उनके बाहर होते ही सिऊ मँहतो उछला और उसने अपने बेटे को तड़ से एक तबड़ाक जड़ दिया।

'हरामी के पिल्ले! बड़ी जवानी फोंफकार रही है!' उसने कहा।

मरकटवा अपना गाल और पँखुरा सहलाता हुआ चुप रहा।

'गँहकी फेर दिया! हेंह्!' सिऊ मँहतो बोलां, 'कौन आयेगा? एँ? लैट से चोट लगती है! अपसर-मिलिस्टर बने हैं! इसी बनकटे में खेंखर-सियार के साथ तप करना है कि बेंच-बाँच के घर चलना है? और ऊपर से सींकड़ खोल दिया। क्यों खोल दिया? अन्हारे में कतों लुका जाती, धीरे से खिसक जाती तो?' सिऊ बिड़ी जलाने लगा।

तीली का उजाला हुआ तो मरकटवा ने देखा कि औरत फिर वैसे ही गुड़ी-मुड़ी बैठी है।

थोड़ा-थोड़ा रुक कर तीन-चार बार कोड़बाज आये। कभी दो-दो, कभी तीन-तीन। सिऊ मँहतो हर बार औरत को आडर देता तो वह बरोह पकड़ कर खड़ी हो जाती। वे चोरबत्ती जलाते या कभी-कभी माचिस की तीली। फिर वे उसको घोरियाते[१]। एक ने हल्के से उसके कूल्हों पर हाथ से ठोंका और एक ने झटके से उसका आँचल माथे से खींच कर हटा दिया।

'ओफ़, क्या करते हो सिऊ?' उसने कहा।

'क्या हुआ गिरी बाबा?' सिऊ ने पूछा।

'कुछ दिन थम जाते।' उसने कहा।

'अभी तो ये किसी काम की नहीं है।' दूसरे ने कहा।

---

१. **घोरियाना**=गोलाई में घूमना (घूर्णम्), परिक्रमा करना।

फिर वे चले गये।

आधी रात के बाद साथे-साथ तीन कोड़बाज आये। सिऊ मँहतो ने औरत को आवाज़ दी कि वह ठड़ी हो जाय। औरत ने कोई जवाब नहीं दिया। सिऊ ने चोरबत्ती जलाई और चिड़चिड़ाया हुआ उठा।

'काने में करू तेल डाल रखा है?' उसने औरत का घूँघट खींच दिया।

औरत एकदम बेबस, उसे आँखें उठा कर देखने लगी।

'ओहोह!' सिऊ वहाँ से हट गया।

'ठड़ी नहीं हो सकती।' उसने कोड़बाजों से कहा।

'कोई बात नहीं मँहतो!' एक कोड़बाज ने कहा, 'हमने समझ लिया, माल अभी फँसा है।'

'आप लोग जाँय।' सिऊ लाचार हो कर बोला।

'नहीं, सउदा हो जाय मँहतो।' कोड़बाज बोला।

'कैसे हो जाय?' सिऊ मँहतो की समझ में नहीं आया।

'कैसे क्या, बैना-बट्टा हो जाय। जब इस लायक होगी, ले जायेंगे।'

'एक ठाकुर साहेब का घर बसाना है। माल परफेक्ट है।' कोड़बाज के दूसरे साथी ने कहा।

'बाकी, ई चेंटा-पेंटा[१] नहीं चलेगा। उसका ठेकाना कीजिए।' कोड़बाज के तीसरे साथी ने कहा।

'तो दाम?' सिऊ मँहतो भरमा हुआ बोल रहा था।

'दाम आपे बोलिये न! आप तो लेंड़ी बाबा के चेला हैं।' कोड़बाज बोला।

'देखिये, बड़ा खर्चा पड़ा है।' सिऊ मँहतो अपने को तौल रहा था कि क्या बोले।

'अरे, बोलिये तो?' उसने कहा।

'छव हजार से कम में नहीं पोसायेगा।' सिऊ ने डरते-डरते कहा।

'कुछ नीचे उतरिये। कि नहीं उतरेंगे?' कोड़बाज ने कहा।

'ई तो आपसी मसलहत की बात है।' सिऊ ख़ुश हो गया।

'पाँच हजार पर टूटिये। ई लीजिए बैना।' कोड़बाज ने बिना गिने नोटों की एक गड्डी सिऊ के हाथ में थमा दी।

---

१. **चेंटा-पेंटा**= बच्चा, शिशु।

'केतना है?' सिऊ मँहतो ने नोटों पर लाइट फेंकी।

'एक हजार।' कोड़बाज ने कहा।

'बाकी खाली कराना आपका काम।' दूसरे कोड़बाज ने कहा।

'ऊ हम पर छोड़ दीजिए।' सिऊ मँहतो ने रकम टेंटियाते हुए कहा।

'जितनी जल्दी हो।' तीसरा कोड़बाज बोला।

'फ़िट्ट।' सिऊ ने हामी भरी।

'ठाकुर साहब के तो भाग जग गये।' एक कोड़बाज ने दूसरे को ठुनकियाते हुए कहा।

'का मतलब?' सिऊ मँहतो ने पूछा।

'अरे, देखियेगा खाली होने के बाद क्या खिलती है!' उसने जवाब दिया।

'कहाँ से उपराये मँहतो?' दूसरे कोड़बाज ने पूछा।

'तराई का माल है।' सिऊ मँहतो बोला।

'तबे एतना तर है।' कोड़बाज ने कहा।

'बाबू!' अँधेरे में मरकटवा का गुरु-गम्भीर स्वर सुनाई पड़ा।

'मजे का नफ़ा दे गयी।' कोड़बाजों के जाने के बाद सिऊ मँहतो ने सौदा पट जाने की ख़ुशी अपने बेटे से बाँटनी चाही।

'नफ़ा धरा रह जायेगा, जदि टें बोल गयी तो।' मरकटवा ने बाप से कहा।

'का मतलब?' सिऊ मँहतो की भौंहें तन गयीं।

'देखो उधर, चोरबत्ती बार के देखो।' मरकटवा ने औरत की ओर इशारा किया।

सिऊ ने चोरबत्ती जलाई। दोनों लपक कर औरत के करीब गये, जो सूखे पत्तों के ढेर पर चित्त पड़ी छटपटा रही थी। उसका सिर कभी एक ओर पलटता, कभी दूसरी ओर। चीख़ रोकने के लिए उसने अपने होठों को भींच रखा था। रोशनी की चकाचौंध हुई तो उसने एक हाथ के इशारे से बत्ती बुझाने के लिए कहा। फिर अन्ततः उसका धीरज छूट गया। वह इतने ज़ोर से चीख़ी कि लगा, जैसे घने बन में किसी की नरेटी[१] रेती जा रही हो।

'प्रसौ ठीक से होना चाहिए। कहीं चल बसी तो...!' सिऊ मँहतो एकदम बेचैन हो उठा।

---

१. नरेटी=गर्दन।

रात के तीसरे पहर का चाँद—कटा हुआ, फीका-फीका, ऊपर उठ रहा था। चारों ओर एक दूधिया, पनीली उजास बिखर गयी। उस ठण्डी रोशनी में छटपटाती हुई, कराहती हुई औरत से थोड़ा परे खिसक कर बाप-बेटे चुक्का-मुक्का बैठ गये।

'ऐसी दफसट में तो कभी नहीं फँसे थे।' सिऊ मँहतो ने कछार की ओर ताकते हुए कहा।

'कुछ करो बाबू!' मरकटवा ने कहा।

'का करें, अब तो तुम्हारी अम्मा को भी बुलाने का बखत नहीं रहा।' सिऊ मँहतो ने मुड़ कर औरत को देखते हुए कहा।

'रामपुरी मेरी बगली में है।' मरकटवा ने चाकू निकाल कर बाप की ओर बढ़ाते हुए कहा।

'रामपुरी क्या होगा?' सिऊ मँहतो चौंक गया।

'नार क्या होती है बाबू?' मरकटवा ने पूछा।

सिऊ मँहतो समझ गया। वह उस आह-कराह से अलग अपने बेटे को ऐसे देख रहा था, जैसे कभी देखा ही न हो। तभी कुछ हुड़र-हुड़र की आवाज़ आई। दोनों ने पलट कर उधर देखा। सिऊ मँहतो ने चोरबत्ती जलाई। चोरबत्ती की रोशनी में चार लाल-लाल गोलियाँ चमक उठीं।

'बिगवे[१] हैं।' सिऊ मँहतो ने कहा।

'हूह...हूह।' मरकटवा ने लाठी पटकी।

'जच्चा-बच्चा की मँहक पा लेते हैं साले!' सिऊ मँहतो डरा हुआ बोल रहा था। उसके हिसाब से यह अशुभ था।

मरकटवा ने लाठी ले कर दौड़ाया तो दोनों बिगवे नदी के कछार की ओर भागे।' 'हूह...हूह' करता हुआ मरकटवा भी उनके पीछे-पीछे काँट-कुस फलाँगता हुआ कछार में उतर गया।

सिऊ मँहतो ने चोरबत्ती जला कर जमीन पर रख दी और इन्तजार करने लगा। बीच-बीच में औरत चीत्कार करती तो वह चौंक जाता। उसे डर लगने लगता। जैसे वह दबिस में फँस गया हो और कहीं भी निकल भागने का रास्ता न

---

१. बिगवा= छोटा भेड़िया, हुँड़ार, लकडबग्घा।

हो। वह बार-बार गर्दन मोड़ कर उधर देखता और फिर निगाहें हटा लेता। 'हेऽऽ बाबा बलेस्सरनाथ! दया करीं—तनी दया'—उसने मन ही मन कहा और आसमान की ओर देखा। वहाँ सितारे इस तरह भरे हुए थे, जैसे किसी ने अगहनियाँ[१] का बिया छींट दिया हो।...सिऊ मँहतो सोचने लगा, पतोह बना के ही लाये थे। तो खाली हो जाने पर काहे को बेंचें? ठाकुर ससुर का घर बसाने के पहले अपने लदभेसरा का ही घर क्यों न बसा दें? दिया ले के खोजा है। कहाँ-कहाँ मारे-मारे फिरे! कितना गच्चा खाये! उदासी जी ने जो पाप करवाया सो अलग। इसी की खातिर न, कि हमार बंस-बरखा चलि जाय। केहू पानी देबे वाला रहे! ठीक है, बसीर खाँव का बैना लौटा देंगे। टेढ़ा-सीधा बोलेंगे तो उसका इलाज हो जायेगा...। यही सब सोचते हुए उसने मूड़ी घुमा कर औरत की ओर देखा। वह बड़ी देर से चीख़-चिल्ला नहीं रही थी। जब भी वह इस तरह शान्त पड़ जाती तो उसे लगता, अबकी बुझ गयी। लेकिन तभी वह गर्दन झटकती हुई जोर से चीत्कार कर उठती। उसे मरकटवा पर गुस्सा चढ़ने लगा। —उसे बिगवा खेदने में खेल का मजा आ रहा होगा। 'अब लंके ठेका के दम लेगा'—वह भुनभुनाया। तभी बनकटे के किसी एक कोने से या नदी के कछार से एक सियार की 'हुआँ' की आवाज़ उठी। फिर ज़रा रुक कर किसी दूसरे कोने से। फिर बनकटे के भीतर, उसके आसपास, झाड़ियों के अँधेरे में, नीचे अन्हरिया में—हर ओर—'हुआँ हुआँ हुआँऽ। फिर 'ह्वाँ ह्वाँ ह्वाँ', जल्दी-जल्दी। और पूरा जंगल उस हुआँस से गूँज उठा। उसे लगा, उसके आसपास, अगल-बगल, उसे घेरे हुए, सब ओर सियरे लुका कर बैठे हैं। 'यह भोर की हुआँस है'—सिऊ मँहतो बुदबुदाया और चौकन्ना हो कर खड़ा हो गया। उसने अपनी लाठी तीन-चार बार जमीन पर पटकी और फिर चोरबत्ती लिए हुए औरत के नजदीक खिसक आया।

तभी औरत ने भयावह चीत्कार किया।

सिऊ मँहतो डर गया कि साइत खेंखर-सियार न घिसिया रहे हों। उसने लाइट की रोशनी औरत पर फेंकी और शरम से उसने मुँह दूसरी ओर फेर लिया।

बच्चा अवतार ले रहा था।

उसने जेब से छुरी निकाली और उसकी धार पर उँगली फिराई। फिर उसने पगड़ी खोली और उसमें से कपड़े का एक बड़ा-सा टुकड़ा फाड़ा। टुकड़ा अँगौछे के छोर तक फटता चला गया।

---

१. **अगहनियाँ**=सफ़ेद ज्वार।

'कोई बात नहीं, इसे भी खर्चे में डाल लेंगे।' वह बुदबुदाया। उसने दोहर जमीन पर डाली और धोती खुँटिया ली।

तभी बनकटा एक नवजात शिशु के 'केहाँ केहाँ' की आवाज़ से गूँज उठा।

अब लाज-सरम का बखत नहीं है—सिऊ मँहतो ने सोचा। उसने लपक कर औरत की छाती पर कान लगाया।

छाती धड़क रही थी, लेकिन औरत एकदम काठ की तरह अकड़ी हुई, जैसे जियतार लकड़ी सूखने पर अँइठ गयी हो। वह टेढ़ी-मेढ़ी, अस्त-व्यस्त निर्जीव-सी पड़ी थी। कोई बात नहीं, वह बेहोस है। सिऊ मँहतो ने अपनी दोहर उस पर फेंक दी। फिर उसने खट-से छुरी खोली और नार छिनगा कर उसे लत्ते से बाँध दिया। फिर उसने बच्चे को अँगौछे में लपेट कर गोदी में उठाया। चाँदनी की उस नरम उजास में शिशु का उज्जर-उज्जर मुख...जैसे आटे का लोंदा हो। उस जंगल, उस रात, उस सन्नाटे में सिऊ मँहतो उसे एकटक निरखता रहा।

'लम्हेरा[१] जाम गये नऽ! आपन बुन्द से होते तो हम निहाल हो जाते।' सिऊ मँहतो ने बच्चे से बतियाते हुए कहा।

कूदता-फाँदता, भद-भद करता मरकटवा बनकटे के भीतर घुसा।

'साले पोलो[२] ले लिए। गिरगिटवा नारे तक खदेर आये बाबू!' उसने हाँफते हुए कहा।

सिऊ मँहतो ने होठों पर उँगली रख कर उसे चुप रहने का इशारा किया। बच्चा गहरी नींद में था। अब मरकटवा ने अपने बाप को देखा। इस तरह देखा! इस तरह! इस तरह तो उसने इस झाकड़ आदमी को कब्भी नहीं देखा था। फिर उसने औरत की ओर नज़र उठायी। वह बाबू के दोहर से ढँकी हुई थी। मरकटवा की समझ में नहीं आया कि वह क्या बोले या क्या करे।

तभी सिऊ मँहतो ने बच्चे को ले जाकर नकटी दाई के चौरे पर रख दिया।

मरकटवा ने सोचा, बाबू बच्चे का चढ़ावा चढ़ा रहे हैं।

'हम अभी आते हैं। गियनियाँ के टियुबेल तक जा रहे हैं।' सिऊ मँहतो ने अपने बेटे से कहा।

---

१. **लम्हेरा**=वह बीज जो बिना बोये उग आता है। जंगली घासें, जो पककर झर जाती हैं और फिर मौसम आने पर खेतों में उग आती हैं—उन पौधों को '**लम्हेरा**' कहते हैं। किसान ऐसे पौधों को निराई करके निकाल देते हैं। यहाँ अर्थ है—वर्णसंकर; अयलज।

२. **पोलो लेना**=सरपट भाग लेना। 'पोलो' के खेल से जनता में आया हुआ मुहावरा।

मरकटवा ने सोचा, बाबू खाना-दाना के इतिजाम में जा रहे हैं। वह चुपचाप नकटी दाई के चौरे पर बच्चे की बगल में बैठ गया। उसने इतना छोटा बच्चा कभी नहीं देखा था। यह अदिमी कैसे बनेगा—वह सोचने लगा।

लेकिन सिऊ मँहतो जल्दी से पेश्तर ही लौट आया। मरकटवा ने लाइट मारी तो देखा, बाबू के कन्धे पर फरुहा है। वह थोड़ा चौंका। उसने भौंहें सिकोड़ीं। वह समझ नहीं पा रहा था कि बाबू फरुहा काहे को ले आये? 'चोरबत्ती पकड़ाना तो।' सिऊ मँहतो थोड़ी दूर पर घनी झाड़ियों के बीच पैरों से सूखी पत्तियाँ टारते हुए उस जगह को जाँच-परख रहा था।

मरकटवा चोरबत्ती ले कर उसके पास पहुँचा।

'यहाँ क्या कर रहे हो?' उसने बाप से पूछा।

'जरा लाइट बारो तो।' सिऊ मँहतो ने कहा।

मरकटवा ने चोरबत्ती जलाई।

सिऊ मँहतो ने जगह जाँच-परख के फरुहे से पहली खन्ती लगायी। 'ठीक है, कंकड़-पत्थर नहीं है।' —उसने कहा।

'गड़हा क्यों खन रहे हो?' मरकटवा ने पूछा।

'चुप रहो और लाइट बारे रहो।' सिऊ मँहतो ने सूखी पत्तियाँ हटा-हटा कर खनना शुरू किया—ठाँय ठाँय।

'क्या करोगे?' मरकटवा ने फिर पूछा।

'खाली करेंगे। खाली नहीं करेंगे तो टेंट का बैना भी गवायेंगे?' सिऊ मँहतो ने कहा।

'खाली करोगे माने, बच्चे को दफन करोगे? वो भी जिन्दा?' मरकटवा ने चोरबत्ती बुझा दी।

'और कैसे करें? जंगल में सियार-कुकुर को खाने के लिए छोड़ दें? कि बिहाने से पुलुस-दरोगा दुआर झाँकने लगें! कि नदी में बहा दें? बहा देंगे तो बैरिया घाट तक उतरा आयेगा। कहीं किसी की नजर पड़ गयी। फिर बात खुलेगी कि नहीं? और जौन बाऊ साहेब आ सिमुनियाँ से रतिया में लउर-लाठी किये हो। तब त नवहाई फोंफियाति रही। वे लोग बइठे रहेंगे? सिऊ मँहतो फरुहा थामे-थामे अपने बेटे को समझाता रहा।

'लाइट बारो, जल्दी करना है।' उसने कहा।

'बाबू!' मरकटवा बोला।

'अब क्या है बे?' सिऊ मँहतो को खुन्नस चढ़ने लगी।

'बाबू, ई बर्दास से बाहर है।' मरकटवा ने कहा।

'का बर्दास से बाहर है? एँ?' सिऊ गड़हे से बाहर निकल आया।

'ई तो हम नहीं होने देंगे।' मरकटवा फिर बोला।

'हट जा मेरे आगे से, नहीं ठीक नहीं होगा', सिऊ ने कहा, 'कल तक जूँजी धोने का सहूर नहीं था, चले हैं उपरोहित बनने!'

'कुछ भी हो, ई तो नहीं होगा।' मरकटवा ने दृढ़ता से कहा।

'का नहीं होगा?' सिऊ मँहतो कूद कर फिर गड़हे से बाहर निकला और उसने फरुहे के बेंट से बेटे के पेट में एक हुरपेंटा मारा।

मरकटवा पहले तो पेट पकड़ कर वहीं बैठ गया। लेकिन तुरन्त कूद कर उसने अपनी लाठी उठा ली।

लेकिन इसके पहले कि वह चेते, सिऊ मँहतो ने अपना लोहबन्ना हुमच कर उसके ऊपर दे मारा। लोहबन्ना मरकटवा के बायें कन्धे पर पड़ा और उसका कन्धा जैसे झूल कर अलग हो गया। मरकटवा ने सींकड़ उठाया और दौड़ कर सिऊ के सिर पर दे मारा। सिऊ मँहतो के सिर से रकत की धार फुहारे की तरह निकल पड़ी। उसने अपने हाथ से खोपड़ी टटोली तो लगा उसकी उँगली दरार में चली जायेगी। उसका पूरा हाथ ख़ून से सन गया। उसने अपनी पगड़ी के लिए निगाह फिराई तो उसे याद आया कि उसमें तो बच्चे को लपेट रखा है। तब तक मरकटवा ने सींकड़ से फिर वार किया। उसने अपने बाप को सँभलने नहीं दिया। उसने दुबारा-तिबारा सींकड़ से उसके मुँह, कन्धे और छाती पर मारा—छाँय-छाँय-छाँय। सिऊ मँहतो को लगा, उसके पैरों के नीचे की धरती थरथरा रही है। वह हुहुआता हुआ उठा और उसने फरुहे से दौड़ कर मरकटवा के पेट पर भरपूर वार किया। उसे लगा, जैसे कई चास जोती हुई हलुआ जमीन में फरुहा घप्प से पूरमपूर धँस गया। मरकटवा ने जोर का चिकार किया और धड़ाम से जमीन पर ढह गया। सिऊ मँहतो लहर लेता हुआ थोड़ी दूर चला। उसने खून से सनी हुई, लथपथ एक नज़र उस औरत की ओर उठायी। फिर गर्दन मोड़ कर उसने नकटी दाई के चौरे की ओर देखा। इस देखने की कोशिश में ही उसे घुमरी आयी और वह वहीं का वहीं मुँह के बल ढेर हो गया।

भोर की पहली आहट पाते ही जैसे बनकटा चहचहा उठा। उस चहचह से ही औरत की आँखें खुलीं। उसने देखा, उसके ऊपर घने-हरे पत्तों से लदी हुई

बरगद की काली-काली डालें हैं। उनमें लाल-लाल गोदे और गोदों के इर्द-गिर्द उड़ते दुरंगे हाड़े। कभी-कभी दो हाड़े जोड़ियाते और तेजी से जमीन पर गिर पड़ते। औरत ने अपने हाथ-पैर इधर-उधर किये। उसने पाया कि वह दोहर से ढँकी हुई है। जैसे उसकी याद्दाश्त वापस आ रही हो, कुछ-कुछ उसी तरह वह उठी और चारों ओर देखने लगी। एकाएक उसे अपने बच्चे की याद आयी। उसने अपने अगल-बगल ताका। फिर इधर-उधर। बच्चा कहीं नज़र नहीं आया। उसने अपने पेट पर हाथ रखा। वहाँ एक गहरा खोखल भर बचा था। तभी उसकी नज़र उधर गयी, जहाँ मरकटवा चारों ख़ाने चित्त लेटा था। उसका पेट कँकटाई, बासी हाँड़ी की तरह खुला था। उसके पास ही दो सियार कुछ सोचते हुए-से बैठे थे। उनमें से एक कभी-कभी उठता, मरकटवा के इर्द-गिर्द चक्कर काटता, उसके खुले पेट के पास जा कर सूँघता और फिर लौट कर अपने साथी के पास बैठ जाता। वे ताड़ रहे थे कि आदमी ज़िन्दा है या मर गया। जब सियार ने यही क्रम दुहराया तो डर के मारे औरत की साँस घुटने लगी। वह किसी तरह सँभल कर खड़ी हुई। उसे उठता हुआ देख कर सियार उसे घूरने लगे और फिर पास की झाड़ी में सरक गये। जब उसने नज़र घुमायी तो देखा कि थोड़ी दूर पर सिऊ महतो मुँह के बल पड़ा हुआ है।

बच्चा मिनमिनाया तो उसने झटके से उधर ताका। उसने देखा कि नकटी दाई के चौरे पर वह रखा हुआ है और बेजान-सा हिल रहा है। वह अफ़नाई हुई उठी और सब कुछ भूल-भाल कर चौरे तक गयी। बच्चा अँगौछे में लिपटा हुआ था। वह कुछ पलों तक आँखें फाड़े उसे निहारती रही—अचम्भे और डर और कमजोरी से थरथराती हुई। फिर अपनी रुलाई रोकने के लिए उसने अपना आँचल मुँह से ठूँस लिया। लेकिन वह रो रही थी—लगातार। न जाने किस सुख और आनन्द या किस दुख और हताशा से। वह उधर देखने से अपने को रोक न पायी जिधर वे पड़े थे। उसने देखा कि दोनों सियार झाड़ी से फिर थोड़ा बाहर निकल आये हैं। उसे लगा कि उसके पास रोने का भी 'टैम' अब नहीं है। उसने बच्चे को सँभाल कर उठाया, ठीक उसी तरह, जब उसका छोटा भाई पैदा हुआ था और उसने उसे गोदी में उठाया था। उसकी नज़रें बच्चे से हट नहीं रही थीं। भोर के उजाले से चकमक उसकी आँखें मुँदी हुई थीं। वह बार-बार अपनी सूजी हुई पलकें खोलने की कोशिश कर रहा था और इस प्रयत्न में अपनी भौंहें और माथा सिकोड़ रहा था। सूरज से यह उसकी पहली भिड़न्त थी।

औरत चौरे पर बैठ गयी। उसने जल्दी से अपना स्तन निकाला और बच्चे के मुँह में दे दिया। जैसे चुम्बक से लोहा चिपक जाता है, उसी तरह बच्चा माँ के

स्तन से चिपक गया। वह उसे चुपचाप देखती रही। जीवन के पहले श्रम से उसका मुँह धीरे-धीरे लाल पड़ने लगा। वह थक जाता और बीच-बीच में सुस्ताने के लिए सो जाता। वह उसके होठों को हल्के से छूती तो वह फिर होंठ चलाने लगता। फिर वह गहरी और निश्चिन्त नींद में सो गया।

तभी मुँह के बल पड़े सिऊ मँहतो के मुँह से एक कराह निकली।

वह बनकटे से बाहर आयी और नदी के कछार में उतरी। उसने रास्ते के लिए इधर-उधर नज़र दौड़ाई। उसकी जाँघें दर्द से फटी जा रही थीं और कमर जैसे मुँगरी से थुर दी गयी हो। उसे लगा, वह चल नहीं पायेगी।

फिर भी उसने चलना स्वीकार किया।

उसने बच्चे को कन्धे से चिपकाया और इस असार संसार की ओर निकल गयी।

◆◆